쓰는 생활

쓰는 생활

지은이 김애영

*기록으로 취향을 발견하고
나만의 길을 만드는 법

라이프 앤 페이지
Life & Page

내가 무엇을 좋아하는지 알아간다는 건
나와 친구가 되는 과정입니다.

내가 어떤 사람인지 명확해지고
취향이 보다 분명해지면서
나 자신과 끈끈한 관계를 맺죠.

부지런히 수집하고 기록하며
나라는 사람을 기억합니다.

기록으로 만들 수 있는 것들

많은 사람이 스스로를 알지 못하고, 내가 원하는 일이 정확히 무엇인지 모른 채로 사회생활을 시작합니다. 취업을 하고 회사 일에 적응하며 정신없이 보내다 보면 몇 년이 훌쩍 지나가요. 그러다 어느 날 나는 어떤 사람인지, 내가 진정 원하는 것은 무엇인지 자문하는 순간이 찾아옵니다. 그런데 이미 시간은 많이 지났고, 나를 찾는 방법도 모르겠고, 이제 와서 나에 대해 안다고 한들 무슨 도움이 될까 싶어집니다.

하지만 다른 누구도 아닌 '나'의 인생이잖아요. 다른 공부도 많이 하는데, 한 번쯤 나에 대해 진지하게 고민해보는 것만큼 중요한 일이 또 있을까요?

저는 20대 후반 다니던 회사를 그만둔 후 나 자신에 대해 고민하는 시간을 가졌습니다. 앞으로의 인생을 어떻게 살아가야 할지 막막하기만 하던 무렵, 처음으로 나는 어떤 사람인지 궁금해졌어요.

어떤 일을 실행할 때 머릿속으로만 생각하는 것과 짧게라도 종이에 쓰는 것을 비교해보면 종이에 쓴 일들이 이루어진 경험을 종종 했어요. 머릿속이 복잡할 때나 현재 상황을 파악해야 할 때면 무조건 펜을 들고 종이 위에 글을 써보면서 생각을 정리하곤 합니다. 이번에도 펜을 들고 종이에 천천히 적어보았습니다. '나에 대한 기록'을 말이죠. 인생에서 좋았던 경험, 행복한 감정을 느끼는 순간, 내가 가장 꾸준히 관심 가지는 것 등을 나에게 묻고 답하며 꼼꼼히 적어 내려갔습니다.

저는 '기록을 좋아하는 사람'입니다. 어려서부터 스케치북, 다이어리, 수첩 등 종이 위에 무언가를 그리고 쓰는 일을 좋아했어요. 무엇이든 쓰는 생활은 제품 디자이너가 된 지금까지도 쭉 이어져오고 있죠. 잠들기 전, 내가 지금 어떤 일을 하고 있고, 어떤 문제점이 있으며, 어떤 태도로 다음 스텝을 준비해야 할지 골똘히 고민해보는 시간을 가집니다. 그러곤 메모지 여러 장에 써서 잘 보이는 곳에 붙여둡니다. 불안하거나 길을 잃은 것 같은 기분이 들 때, 종이와 펜을 들고 무언가를 써보면 분명 쓰기 전보다 마음이 훨씬 가벼워져요.

책상 공간을 가꾸는 일도 좋아합니다. 책상에서 제 취향을 담은 물건을 디자인하거나 재미있는 일을 기획하거나 쉬는 시간이면 다이어리나 노트를 펴 기록하는 시간을 즐기곤 하죠. 제품 디자인을 업으로 삼은 만큼 책상에서 보내는 시간은 그야말로 제 꿈을 펼치는 시간입니다.

책상 공간을 가꾸고 꾸미는 것과 기록 생활에 진심인 마음은 취향 공유 SNS '논디' 계정과 리빙-스테이셔너리 브랜드 '데이오프 프로젝트' 창업으로 이어졌습니다. 휴식, 사색, 기록과 관련된 물건의 기획과 디자인을 하며 취향에 대한 고민과 즐거움을 담아 작업하고 있습니다.

지극히 평범했던 회사원이 SNS에서 많은 사람과 소통하고 대중에게 사랑받는 1인 브랜드를 운영하기까지, 기록 생활은 이 모든 일의 든든한 밑바탕이 되어주었습니다. 꾸준히 기록해둔 결과물을 통해 과거, 현재, 미래의 저를 만날 수 있었어요. 무엇보다 기록하는 순간부터 다시 꺼내보는 모든 과정이 저에게는 큰 영감으로 다가와요. 제가 기록을 놓을 수 없는 이유입니다.

나만의 길을 찾게 해준 기록 생활 이야기를 함께 나누고자 합니다. 취향을 발견하고, 영감을 얻고, 더 많은 사람과 소통하기 위한 기록법이기도 하죠. 기록은 이 모든 과정에 긴밀히 연결되어 있어요.

'나란 사람은 어떤 사람일까', '내 취향은 무엇일까' 궁금해하는 것부터가 이미 큰 시작입니다. 우리는 항상 정답을 찾으려 애쓰지만 취향에는 정해진 답이 없거든요. 내가 어떨 때 행복한지, 나를 설레게 하는 순간은 언제인지, 스스로에게 질문하고 답해보세요. 나에게 좀 더 많은 관심을 가지는 일은 일상을 풍요롭게 가꾸는 일이기도 하니까요.

차례

Prologue   기록으로 만들 수 있는 것들

1부

나를 믿게 하는
기록 생활

2부

**상상을 현실로 만드는
디자이너의 기록법**

3부

나를 발견하는
기록법

4부

**스몰 브랜드를 이끄는
기록의 힘**

나를 믿게 하는
기록 생활

1부

"기록은 한마디로
세상의 단초를 붙잡아두는 습관이다."

_이승희, 『별게 다 영감』

기록하는 대로
이루어진다

저는 기록하는 대로 이루어진다고 믿어요. 새해가 되면 그해에 이루고 싶은 일, 하고 싶은 일을 기록하는데요, 다소 뚱딴지같은 일일지라도 그저 흥미가 가고 내가 하고 싶은 일이라면 무조건 적어요. 이렇게 적어두고 종종 들여다보며 하루하루 살다가 나중에 다시 기록을 봤을 때 실제로 이루어낸 것들이 생각보다 많아 놀라곤 합니다. 그럴 때면 잘 살아왔구나 싶어 마음이 뿌듯해집니다.

설령 다 이루지 못했어도 괜찮아요. 기록하는 일 자체만으로도 앞으로의 일상을 살아가는 데 분명 큰 에너지가 되거든요.

새해 첫날, 책상 앞에 앉아 '디자이너로서 이루고 싶은 일'과 '일상에서 이루고 싶은 일'을 올해의 버킷리스트처럼 쭉 적어 내려갑니다. 그리고 이를 더 세분화해 하루하루의 계획까지 짜보는 거예요. 저는 계획을 세우고 이를 기록하는 행위 자체가 즐거워요. 기분 좋은 떨림이 느껴지죠.

스마트폰 메모 앱에 기록할 때도 있지만 대부분은 종이나 노트에 펜으로 적는 편입니다. '아날로그 타입'이라고 할 수 있죠. 종이에 써서 책상에 앉았을 때 눈에 잘 보이는 곳이나 다이어리의 첫 부분에 붙여놓고 종종 상기시키려고 노력해요.

물론 계획대로 되지 않을 때가 훨씬 많지만, 그것조차 저의 삶이고 나라는 것을 알아요. 단번에 이루려 하지 말고 수정해가며 한 발짝씩 걸어가자고 늘 마음을 고쳐먹습니다. 계획에 너무 강박을 가지면 번아웃이 오거나 무기력증에 빠질 수 있거든요. 되도록 마음을 편히 하고 '내 길을 간다!' 생각하면서 스스로에게 잘하고 있다 다독일 필요가 있죠.

창조적 활동을 위한 기록은 크게 두 가지 속성이 있습니다. 내 안에 있는 것을 밖으로 분출하는 것, 그리고 외부의 정보를 내 안으로 잡아두는 것. 두 가지 모두 성장을 위해 매우 중요합니다. 그런데 이 둘은 카테고리를 잘 만들어두지 않고 기록하면 두서없이 뒤죽박죽되어버릴 가능성이 커요. 저는 온라인과 오프라인을 모두 활용하여 기록 생활을 하고 있습니다.

내 안에 있는 것들을 이야기할 때는 일기, 모닝페이지, 인스타그램, 영감 노트를 씁니다. 말 그대로 내면의 소리를 종이 또는 온라인 페이지에 글로 적어보는 시간을 갖는 기록 활동이죠. 이런 기록 활동을 하면 머리를 비울 수 있어 후련해집니다. 또, 훗날 들춰보면 내 과거를 되돌아볼 수 있고, 나에 대해 알게 되어 자신감이 생겨요.

반대로 외부의 정보를 내 안으로 잡아두는 것에는 '아카이빙(archiving)'의 개념이 들어 있는데요, 영감을 받은 이미지만을 모아두는 인스타그램 계정이나 저장탭, 영감 노트가 그것입니다. 내가 관찰하고 몰입하는 시선으로 포착한 것들을 한데 모아두었다가 필요할 때 언제든 꺼내 참고할 수 있도록 하는, 나름의 저장소 역할을 합니다.

물론 창조적 활동을 위한 기록 말고도 투 두 리스트(to-do list)나 업무일지처럼 일상을 질서 있게 꾸려나가기 위한 기록도 있습니다. 일정 관리야말로 기록 생활의 핵심이라고 할 수 있죠. 생활이 잘 정돈될 때 창조적 영감이 구체적인 계획으로 실현될 가능성도 높아지니까요.

기록 생활의
기본 원칙

대학에 들어가 책을 읽고 영화도 즐겨 보게 되면서 흘러가는 생각을 붙잡아두고 싶어졌습니다. 다이어리와 스케치북만 쓰던 중고등학교 시절과 달리 자연스럽게 독서 노트, 영감 노트, 스케줄러, 드로잉북으로 나누어 쓰게 되었죠. 물론 예쁘고 좋은 노트에 관심이 많아서 여러 권을 쓰고 싶은 욕망(?)도 무시할 수는 없어요.

한 가지 노트에 모든 내용을 적으면 편리하고 좋겠지만, 그러면 원하는 내용을 빨리 찾지 못하거나 기록만 해두고 잊혀지는 일이 종종 있더군요. 그래서 큰 카테고리를 나누고, 어느 정도 용도에 맞게 노트들을 분류해서 쓰기 시작했습니다. 그게 어느덧 11개의 노트로 자리 잡았습니다.

당연히 모든 노트를 매일매일 쓰지는 않아요. 어떤 노트는 매일 쓰고, 어떤 노트는 한 달에 한 번 쓰는 경우도 있습니다. 공통점은 모두 '꾸준히' 쓴다는 것이죠. 매일 쓰는 것만이 기록이 아니라 간헐적으로 기록해도 그 자체로 의미가 있습니다. 적게나마 꾸준히 기록하기만 한다면 풍성한 나만의 기록물이 됩니다.

기록을 꾸준히 이어나가는 것은 정말 쉽지 않은 일입니다. 그래서 저는 기록을 위한 시간을 따로 정해두고 있어요. 이 시간은 단순히 기록만을 위한 시간은 아니에요. 하루를 찬찬히 돌아보기도 합니다. 매일 밤 10시가 저의 '아카이브 타임'인데요, 오늘의 일을 기록하고 내일 해야 할 일을 체크하는 등 나만의 시간을 보냅니다. 아카이브 타임에 대해서는 뒤에서 좀 더 자세히 설명할게요.

또, 한 달에 한 번은 월별 결산의 시간을 정기적으로 갖기도 합니다. 이렇게 기록을 위한 시간을 따로 확보해두고 루틴으로 만들면 어떤 기록이든 꾸준히 할 수 있습니다.

노트 한 권을 다 못 쓴다고 자책할 필요도 없어요. 오로지 나만 쓰는 노트인데 다른 사람 눈치를 볼 필요가 있나요. 글씨를 예쁘게 쓰려고 특별히 노력하지도 않습니다. 그저 내가 알아볼 수만 있으면 그만이에요. 다음에 노트

를 펼쳐볼 사람 역시 나이기 때문이죠. 누구의 것도 아닌 나를 위한 기록을 만들어간다고 생각하면 내게 꼭 맞는, 가장 편안한 방법을 찾을 수 있을 거예요.

일정 관리를 위한
기록 노트

대학 시절부터 직장 생활, 지금은 사업체 운영에 이르기까지 매일 해야 하는 일은 꼭 리스트로 적어서 관리하고 있습니다. 그렇게 하지 않으면 중요한 일정을 놓치거나 코앞에 닥쳐서 부랴부랴 서둘러 하게 되거든요.

디자이너라는 직업 특성상 디테일한 부분까지 세심하게 생각해야 하는데, 마감 기한에 간신히 맞춰가며 작업하게 되면 완성도가 떨어질 수밖에 없습니다. 개인적으로 이런 상황에 스트레스를 많이 받는 성격이어서, 최대한 시간을 두고 완성도를 높여가며 작업하기 위해 일정 관리를 철저히 하고 있습니다.

아주 급한 날엔 편한 대로 메모지나 노트에 펜으로 아무렇게나 쓸 때도 있지만, 보통은 하루의 시작/끝에 그날/다음 날 해야 할 일을 체크리스트 형식으로 쭉 적어 내려갑니다. 그런 다음 그 중 가장 중요한 세 가지 일을 선택하고, 우선순위를 적어요. 물론 매일매일 지내다 보면 계획대로 안 될 때가 더 많지만 그래도 이렇게 한번 적어두고 상기하면 중요한 일을 놓치는 불상사는 발생하지 않더군요.

이제는 매일 밤마다 다음 날 해야 하는 일의 체크리스트 목록을 적어두고 자야 마음이 편해요. 체크리스트와 업무일지 작성은 매일 하는 루틴이 되었습니다.

투두 리스트 노트

☑ 용도 : 매일의 할 일과 간단한 메모
☑ 제품정보 : 포인트오브뷰 '애플저널'
☑ 빈도 : 매일

가장 많이, 가장 자주 사용하는 노트. 매일 밤 이 노트에 내일 해야 할 일과 하고 싶은 일을 차분히 적어놓고 다음 날이 되면 노트에 적힌 체크리스트 항목을 하나씩 지워가며 일을 합니다. 적당히 적어야지 하면서도 늘 넘치게 쓰는 편인데, 다음 날 하루를 마감하며 투 두 리스트를 보았을 때 모두 체크되어 있으면! 그 짜릿한 쾌감은 이루 말할 수 없어요.

물론 내 자신을 몰아붙이듯 네모칸을 채우며 하루를 보내는 것만큼은 지양하려 합니다. 다음 날 계획을 기록하면서, 쉴 때는 무엇을 하고 싶은지도 함께 써두면 좋아요. 열심히 하루를 보내되 작은 여유를 잊지 않는 것도 중요합니다.

저는 무지로 된 노트를 쓰는데, 왼쪽 페이지에 체크리스트 마스킹테이프를 이용해서 일의 종류나 원하는 시간대를 적어넣고 그 옆에 할 일을 적습니다. 오른쪽 페이지

해야 할 일, 하고 싶은 일을 적고 그날의 이슈를 메모해두는 노트. 하루를 기억하고 관리하는 데 꼭 필요한 노트예요.

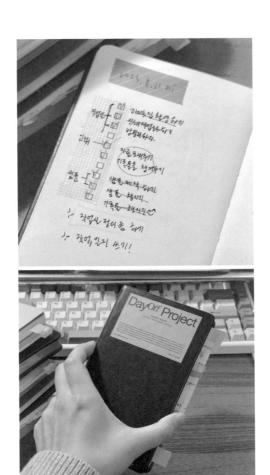

무지 노트에 체크리스트 마스킹테이프를 붙여서 투 두 리스트를 만들어요. 가방에 쏙 들어가는 사이즈여서 어디를 가더라도 늘 휴대합니다.

에는 그날 생긴 이슈나 메모를 적어두어요. 이렇게 하면 노트를 펼친 두 개의 면에 하루의 일정과 메모가 모두 담겨서 한눈에 파악하기 쉽습니다. 저는 꽤 오랜 시간 이런 레이아웃으로 기록하고 있어요. 다 한 일은 그날그날 기분에 따라 컬러를 바꿔가며 형광펜으로 긋는데, 이때가 가장 재미있어요.

포인트오브뷰의 애플저널은 크게 만족하는 노트입니다. 종이질도 좋고, 가죽 같은 느낌의 커버 재질도 자꾸 손이 갈 만큼 부드럽고, 사이즈도 적당하죠. 책상 한구석에 놓아두거나, 가방에 부담 없이 들어가는 사이즈여서 외출할 때도 꼭 들고 가는 노트예요. 지금까지 4개를 썼고, 다음에 쓸 것도 미리 사둘 만큼 저에게는 가장 중요한 노트입니다.

시간기록 노트

☑ 용도 : 매일 한 일 기록
☑ 제품정보 : 아날로그 키퍼 '스페이스 다이어리'
☑ 빈도 : 매일

이 노트는 '던 리스트(done list)', 한 일 리스트로, 앞서 투두 리스트 노트와는 용도가 다릅니다. 하루 동안 시간의 흐름에 맞추어 내가 어떤 시간에 무슨 일을 했고 그 일을 하는 데 소요시간이 얼마나 걸렸는지 간단하게 기록하는 노트예요. 예전에는 시간기록과 한 일 리스트를 따로 썼는데 몇 년 전부터 하나의 다이어리에 기록하고 있습니다.

시간기록을 해보니 내가 시간을 얼마나 허투루 보내고 있는지 직접 두 눈으로 확인할 수 있어 좋았습니다. 일과 중간중간에 허비하는 시간이 생각보다 많다는 게 한눈에 들어오기 때문에 매번 다이어리한테 혼나는 느낌이 들기도 합니다.

그럼에도 꾸준히 기록하는 이유는 시간을 좀 더 효율적으로 쓰고 싶어서인데요. 무엇보다 그날 한 일을 시간과 함께 적어두면 나중에 보았을 때 어떤 날 무엇을 했는지 기억하기에도 좋습니다. 재미있고 즐거운 일을 적는 일기도 좋지만, 하루 중 일하는 시간의 비중이 많기도 하고, 온전히 내 힘으로 이루어내는 일들이어서 이 기록 또한 소중하게 느껴집니다. 일기만큼 뿌듯하게 펼쳐볼 수 있는 나만의 연대기가 되죠.

**치유의
기록 노트**

브랜드를 만든 후로는 일과 휴식의 경계가 더욱 모호해졌
어요. 업무 계획을 잘 짜두어도 계획대로 안 될 때도 많고
요. 마감이나 전달해야 할 일이 급박한 경우에는 어쩔 수
없이 밤샘도 하고 새벽 작업도 하지만, 평소에는 최대한
저녁 먹기 전까지 할 일을 무조건 다 끝낸다는 생각으로
하고 있어요. 그러려면 업무시간으로 정해둔 시간에는 정
말 몰입해서 일을 해내야 하죠.

물론 아직 초보 사장이어서 스스로 정한 규칙을 잘 지
키는 것이 힘들기도 합니다. 하지만 쉬는 시간이 있어야
새로운 생각도 잘 떠오르잖아요. 밤 시간에는 최대한 머
리를 쉬어주는 루틴을 지키려고 해요. 일기를 쓰거나 '멍
때리고' 음악을 들으면서요.

리베카 실은 『솔로 워커』에서 "먼 미래를 내다보는 대기업 CEO와 마찬가지로 솔로 워커에게는 회사의 구성원, 즉 자신의 행복을 지킬 책임이 있다"고 했어요. 이 책을 읽고, 혼자 일하는 나는 내 회사의 사장이자 직원이기도 하니까 스스로를 잘 돌봐야겠다는 책임감이 들었습니다.

산책하며 사진 찍기

드라이브 하고 셀프 세차 하기

맛있는 음식 먹으며 좋아하는 영화 보기

친구들과 시시콜콜한 이야기 나누기

읽고 싶었던 책 읽기

밖에 나가서 달리기

운동하기

기록하기

제가 휴식하는 방법입니다. 모두 골치 아픈 생각에서 잠시 벗어나 머리를 비울 수 있는 일들이죠. '기록하기'도 좋은 휴식법 중 하나예요. 아무리 바빠도 감사일기와 모닝페이지는 꼭 쓰려고 합니다.

이 땅에는 열심히 사는 사람들이 너무도 많아서 내가 힘든 건 힘든 것도 아니라고 생각하기 쉽습니다. 저 역시 그랬고 지금도 종종 그래요. 그런데 휴식은 정말 중요합

니다. 중요한 정도가 아니라 꼭 지켜야 된다는 것을 절실히 느꼈어요. 너무 바쁘면 주변뿐만 아니라 스스로를 돌아볼 여유가 없어 나 자신에게도 상처를 입힐 수 있어요. 아무 생각이 안 드는 순간들, 그저 평온함만이 있는 순간들을 자주 만들어야 합니다. 내 마음을 가장 평온하게 만드는 공간과 시간들로 스스로를 잘 돌봐주고 휴식을 선물해줄 필요가 있습니다.

모닝페이지

☑ 용도 : 기상 직후 떠오르는 생각을 훌훌 털어버리는 용도
☑ 제품정보 : 아날로그 키퍼 '로그북 A6'
☑ 빈도 : 매일

줄리아 카메론의 저서 『아티스트 웨이』에서 소개한 창조성 회복 방법으로, 주변 지인들이 추천한 기록법입니다. 하는 법은 굉장히 쉬워요. 그저 기상 후 침대에서 일어나거나 정 일어나기 힘들면 베개 근처에 노트를 두고 눈뜨자마자 작성하는데, 생각나는 것들을 모두 쏟아버린다는 느낌으로 후루룩 적어 내려가면 됩니다.

저마다 다르겠지만, 제 경우엔 아침에 일어나면 기분이 그렇게 썩 좋지가 않아요. 개인적으로 하루 중 제일 걱정과 불안이 큰 시간이기도 합니다. 이걸 어떻게 해결할 수 있을까 고민하던 무렵 알게 된 것이 바로 모닝페이지예요.

처음에는 '이걸 하면 좋아질까?' 반신반의했는데 정말로 효과가 있었어요! 모닝페이지를 쓰고 나면 마치 명상하는 느낌이 듭니다. 부정적인 생각이 펜 끝을 통해 흘러나가는 것 같아서 컨디션과 기분이 훨씬 나아져요. 시간도 그렇게 오래 걸리지 않으니 저처럼 아침에 기분이 좋지 않

모닝페이지의 효과는 저마다 다르겠지만, 제게는 명상과도 같아요. 쓰고 나면
부정적인 생각이 빠져나가고 홀가분해지거든요.

은 분들이라면 모닝페이지 쓰기를 추천합니다.

　모닝페이지는 아날로그 키퍼의 로그북 A6 사이즈에 기록하고 있습니다. 이전에 독서 노트로도 써보았는데, 라인 노트가 아니고 내지가 모눈인 점이 좋더라고요. 좀 더 자유롭게 사용할 수 있되 비몽사몽하다 보면 글씨가 삐뚤빼뚤하게 마련인데 그러한 현상을 잘 막아줍니다. 다양한 용도로 활용할 수 있는 내지와 사이즈도 많아서 활용도가 높습니다.

일기

☑ 용도 : 하루일기용
☑ 제품정보 : 아날로그 키퍼 '데일리 다이어리'
☑ 빈도 : 매일

그날 하루 어떤 일이 있었는지, 어떤 점이 재미있었고 또 아쉬웠는지 하루를 돌아보는 글을 솔직하게 적는 다이어리입니다. 보통 잠들기 전에 작성해서 감성에 잠길 때가 종종 있는데, 이런 게 일기의 매력이죠.

　일기 역시 다양한 노트를 써봤는데 최근에 정착한 것은 아날로그 키퍼의 다이어리입니다. 하루의 일을 기록하는 칸이 적당히 넓어서 빠르게 적어낼 수 있다는 점이 좋아요. 이전에는 하루에 한 페이지씩 쓰다가 요즘엔 일기는 짤막한 형태로 기록하고 좀 더 내 생각을 털어놓고 싶을 때는 영감 노트에 줄글을 기록하고 있습니다.

　일기 쓰기는 나름의 힘이 있습니다. 하루를 돌아보고 적는 행위만으로도 내 감정 상태를 돌아볼 수 있고 더 나아지게끔 하는 효과가 있어요. 너무 바쁘면 일기를 못 쓸 때도 있는데 그럴 땐 일상 어딘가가 조금 비어 있고 삐거덕거리는 느낌이 들거든요. 왠지 기분이 다운되고 불안

하루에 해당하는 칸의 폭이 좁아서 빠르게 적어 내려갈 수 있는 다이어리. 공간을 낭비하지 않고 채워 나가는 즐거움이 있어요.

감이 들 때 돌아보는 것 중 하나가 '일기를 썼던가 안 썼던 가?'일 정도로 심리적인 효과가 큰 기록입니다. 바쁜 현대 인들에게 꼭 필요하다고 생각하는 일기 쓰기. 더 많은 분 들이 일기 쓰기를 즐기셨으면 좋겠어요.

감사일기

☑ 용도 : 하루 중 감사한 순간들을 기록
☑ 제품정보 : 포인트오브뷰 `애플저널 (line)`
☑ 빈도 : 매일

일기 쓰기를 깜빡하고 놓쳤을 때에도 감사일기만큼은 꼭 씁니다. 하루 중 감사한 일을 3~5가지만 기록하는 일기예요. 바람이 산뜻하게 불어 기분이 좋아졌다든가, 우연히 마주친 고양이가 귀여웠다든가 하는 것처럼 아주 사소한 일도 적습니다.

처음에는 이런 기록이 무슨 도움이 될까 싶었는데 막상 시도해보니 효과가 있었어요. 심적으로 좀 힘든 시기를 보내고 있었는데 감사일기를 썼더니 무거운 마음이 조금 가벼워지고 좋은 것 하나 없었다고 생각했던 하루가 생각보다 괜찮은 하루임을 깨달으며 기분이 환기가 되더 군요. 그런 경험을 하고 나선 최대한 매일매일 적으려고 합니다. 실제로 매일 감사한 일을 생각해보는 것만으로도 뇌 피로도와 스트레스가 줄어든다는 연구 결과도 있고요.

신기한 점은 마음이 긍정적으로 변한 탓인지 몰라도

실제로 크고 작은 감사한 일이 생기더라고요. 기분 탓일지 모르겠지만 감사일기의 힘을 믿고 있습니다. 주변에 지쳐 있거나 기분이 가라앉아 있는 친구들에게 자주 권하는 방법입니다.

일상이 힘들거나 마음이 무겁다면 감사일기를 꼭 써보세요. 포스트잇에 써도 좋습니다. 아무 종이나 꺼내어 딱 3가지만 그날의 감사한 점을 적어보세요. 분명 기분이 한결 나아질 거예요.

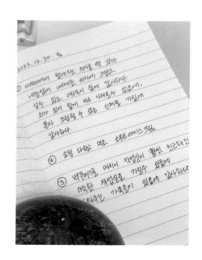

업무를 돕는
기록 노트

'논디'라는 크리에이터로 활동하면서, 그리고 '데이오프 프로젝트'라는 브랜드를 시작한 이후 대부분의 일이 태어나서 처음 경험해보는 일들입니다. 제품 디자인뿐만 아니라 마케팅 활동, 제품 포장 및 발송, 타 브랜드와의 협업, 팝업스토어 준비 등등 눈코 뜰 새 없이 바쁜 하루하루가 이어지고 있죠. 브랜드를 혼자 운영하다 보니 기억해야 할 것도, 정리해야 할 자료도 훨씬 많아졌고요.

바쁘더라도 반드시 빼놓지 않고 하는 기록은 업무일지 작성입니다. 저는 아주 사소한 내용도 적어두는 습관이 있는데요, 그래야 기억에 오래 남고 나중에 두 번 찾아보거나 남에게 물어보지 않아도 되어서 좋더군요. 사소한 고민이나 일의 흔적이라 해도 반드시 남겨두는 편입니다.

　업무일지 기록은 회사 생활을 할 때에도 도움이 되었어요. 업무일지를 하루하루 꼼꼼히 기록하고, 프로젝트를 마무리할 때는 진행과정을 회고하며 기억해두고 싶은 내용, 중요한 내용을 메모해두었습니다. 일종의 '나만의 팁노트'인 셈이죠. 이렇게 하면 다음 작업을 할 때 좋은 참고자료가 되어줄 뿐만 아니라 웬만하면 똑같은 실수는 안 하게 됩니다.

　업무 기록은 더 빨리 성장할 수 있는 효과적인 방법입니다. 퇴사 후에도 많은 도움이 되었음은 물론이고요.

업무일지

브랜드를 운영하면서 하루하루 빠르게 지나가는 바람에 시간이 조금만 흘러도 내가 뭘 했는지 기억하기 어려워 업무일지를 쓰기 시작했습니다. 여기에는 그날 한 업무를 비교적 상세히 기록하고 결과나 피드백을 남겨 놓습니다. 일지의 첫 페이지에는 달성하고픈 목표와 바람을 적어둡니다. 한 해, 분기별, 한 달로 범위를 좁혀가며 하고 싶은 것, 이루고 싶은 것을 적는 것만으로도 의욕이 생겨나요.

업무일지로 선택한 트롤스 페이퍼의 위클리 다이어리는 깔끔한 표지가 마음에 들고, 내지의 위클리가 세로형에 라인이 있어 플래너로 쓰기 좋아요. 첫 주의 시작 페이지 왼편에 체크리스트를 적을 수 있는 비교적 넓은 공간이 있어서 그 주에 해야 할 일들을 적고 분배하기에도 좋습니다. 간결한 레이아웃과 내지 디자인도 오래 질리지 않고 쓸 수 있는 스탠더드한 느낌의 다이어리입니다.

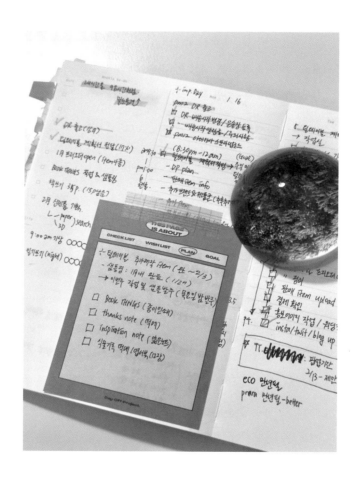

업무에 관련된 내용만 기록하는 업무일지. 한 주의 시작 전에 위클리 페이지에
그 주에 해야 할 일을 기록해두고, 매일 하루를 마감하며 결과를 메모합니다.

확인용 위클리 다이어리

☑ 용도 : 일주일 스케줄 확인 및 모니터 아래 비치용

☑ 제품정보 : 아날로그 키퍼 '핸디 다이어리'

☑ 빈도 : 주 1회, 가끔 수정

한 주가 시작될 때 주요 일정을 요일별로 간략하게 적어 놓고 모니터 밑에 펼쳐두는 용도의 다이어리입니다. 타 업체에 공유할 자료나 미팅 약속, 방문해야 할 곳, 데드라 인 등 꼭 잊지 말아야 할 것을 기록해두죠. 아날로그 키퍼 의 핸디 다이어리는 작은 사이즈에 가로로 길게 펼치면 일주일 일정을 한눈에 보기 쉬워요.

이렇게 항상 눈에 보이게 두는 이유는 잘 잊어버리기 때문이죠. 또, 일을 하다가 지치거나 하기 싫을 때 보게 되 면 그다음 일정이 눈에 들어와 좀 덜 미루고 해낼 수 있답 니다. 꾸준히 쓰려고 노력하는 노트 중 하나예요.

업무일지에 체크리스트를 쓸 때 이 다이어리도 함께 기록합니다. 꼭 기억해야할 일들 위주로 적어두고 모니터 밑에 잘 보이게 펼쳐둡니다.

달력처럼 보기 편한 아날로그 키퍼 먼슬리 다이어리. 콘텐츠 발행 아이디어를 기록하는 용도로 쓰고 있어요.

SNS 콘텐츠 기획 노트

☑ 용도 : 인스타그램에 올릴 콘텐츠 기획 노트
☑ 제품정보 : 아날로그 키퍼 '먼슬리 다이어리 + EVA커버'
☑ 빈도 : 주 1회

브랜드를 운영하고 크리에이터로 일하게 되면서 SNS를 체계적으로 운영하기 위해 추가한 노트입니다. 노트를 따로 준비하기 전에는 자꾸만 쫓기듯이 게시글을 올리게 되어서 SNS 운영이 조금씩 부담스러워졌어요. 그래서 아예 콘텐츠 기획 노트를 따로 마련했습니다. SNS에 어떤 내용을 올릴지 기획 아이디어를 쓸 뿐만 아니라, 제품의 내지가 달력처럼 월별로 보기 편하게 되어 있어서 어떤 날 어떤 콘텐츠를 발행했는지 확인하는 트래킹의 용도로도 좋습니다. 노트 중간부터는 메모 페이지가 적당한 분량으로 들어 있는데, 여기에는 콘텐츠 주제에 대한 고민과 기획을 자유롭게 적어두고 있습니다.

　제품 디자인도 판매도 중요하지만 결국 가장 중요한 것은 사람들에게 유익하거나 즐겁고 평온한 마음을 전달할 수 있는 콘텐츠이기 때문에 요즘 가장 공들이고 있는 노트입니다.

전통의 금전출납부답게 군더더기 없이 합리적인 디자인의 노트. 수입과 지출의 흐름이 한눈에 들어와서 관리가 편리해요.

소비기록

☑ 용도 : 재정 관리
☑ 제품정보 : 양지사 '금전출납부'
☑ 빈도 : 1~2일마다

개인적인 수입과 지출, 그리고 브랜드 비용 기록의 필요
성을 절실히 느껴 소비기록용 다이어리를 쓰고 있습니다.
양지사의 금전출납부는 스프링노트여서 펼쳐놓고 카드
내역이나 영수증을 확인하면서 적기 편해 선택했습니다.
널찍한 메인 페이지에 숫자를 깔끔하게 정리하기 좋아 수
입/지출을 나누어 보기 좋게 쓰기에도 편해요.

사이즈별로 구매해두고, 작은 사이즈는 개인적인 가계
부로, 큰 사이즈는 브랜드를 운영하며 드는 비용들을 기
록합니다. 오랫동안 사용되어온 보편적인 내지 구성 덕
분에 내가 돈을 어디에 얼만큼 썼는지, 쓸데없는 지출은
무엇인지, 돈이 어디서 들어왔는지 한눈에 파악할 수 있
어 관리가 편리합니다.

매일 밤 10시,
아카이브 타임

잔업이 많지 않은 이상 밤 10시부터는 무조건 기록과 나를 위한 시간을 가지려고 합니다. 이 시간엔 그날 한 일을 정리해보고, 내일 할 일을 기록하며, 하루 동안 있었던 일을 일기로 적어두기도 해요.

기록만 하는 것은 아니고, 좋아하는 음료를 마시거나 간식을 먹으며 넷플릭스, 유튜브를 보기도 하고 허공을 응시하며 헤드셋으로 '음악 탐방'도 하죠. 음악 탐방은 음악 앱에서 몰랐던 노래들을 파도타기 하듯 찾아 들으면서 좋은 음악을 찾는 건데, 꽤나 힐링이 되는 시간입니다. 제가 쓰는 음악 앱에는 특정 음악의 옵션을 보면 '유사한 곡 보기'가 있어요. 이 노래를 좋아하는 사람들이 많이 듣는 노래나 유사한 분위기의 곡들이 리스트로 뜨는데, 여기에서 몰랐던 음악을 찾는 재미가 쏠쏠합니다. 좋아하는 음악의 작사가나 작곡가가 작업한 다른 곡들을 찾아 들으면서 취향에 맞는 노래를 만나기도 하고요.

책을 읽는 시간도 이때입니다. 읽고 싶었던 책을 꺼내 바로 옆에 잘 써지는 볼펜과 독서 노트를 함께 놓아두고 읽어요.

제가 하루 중 가장 좋아하는 시간이 바로 이 '아카이브 타임'입니다. 고요한 밤과 새벽의 분위기가 마음까지 차분하게 만들어주는 느낌이 들어서 좋아요. 가끔 일이 넘쳐날 때면 이런 시간을 갖지 못하는 날도 있어요. 너무 바쁘면 아카이브 타임이 없는 상태로 며칠이고 살아갈 때도 있죠. 그럴 때면 밖으로 내보이는 일은 많지만 정작 스스로를 살피지 못하고 있는 것 같은 기분에 더 지치고 피로가 금방 오는 느낌이 들어요. 되도록이면 업무시간에 열심히 일하고 밤 10시에는 반드시 내 시간을 가지려고 노력합니다.

제품 디자인을 하다 보면 항상 이 물건을 사용하는 사람을 상상해보고, 그들을 배려하고 싶은 마음이 생깁니다. 내가 만든 물건이 사용자로 하여금 조금이나마 나은 일상을 만드는 데 도움이 되었으면 하거든요. 놀랍게도 그런 마음은 저에게 되돌아오더군요. 스티커를 제작해 판매했을 때 물건을 받는 사람이 잠시나마 행복하고 즐거웠으면 좋겠다는 바람을 담아 조금 더 신경 써서 포장했는데, 나중에 기쁨이 묻어나는 후기 사진이 올라오는 것을 보면서 그동안의 수고와 고통이 싹 씻겨 내려가는 듯한 행복감을 느꼈습니다.

이렇게 작업하려면 일단 제 멘탈부터 즐겁고 긍정적이어야 합니다. 그렇기 때문에 더더욱 제 스스로의 감정을 잘 알아차리기 위해 노력하게 됩니다. 아카이브 타임이 제게 중요한 이유 중 하나입니다.

아카이브 타임은 보통 책상에서 보냅니다. 일할 때는 잘 나오는 젤펜을 쓰는데 이 시간만큼은 괜히 만년필이 쓰고 싶어지죠. 잠깐이라도 내가 지금 어떤 생각을 하고 있는지, 오늘 무슨 느낌이 들었는지, 오늘 아쉬운 것은 무엇인지, 지금 내가 불안한 이유는 무엇인지 등을 가만히 생각해봅니다.

오롯이 나에게 집중할 수 있는 시간을 갖는 건 생각보다 훨씬 중요합니다. 몇 분 안 걸리는, 별거 아닌 기록일 수도 있지만, 그 잠깐의 힘은 생각보다 강해요. 당장 오늘 밤부터 나만의 시간을 가져보세요.

한 달
결산 습관

한 달이 끝나갈 무렵이면 항상 하는 저만의 의식(?)이 있어요. 지난 한 달을 리뷰해보고 현재를 살펴보고 다음 달을 그려보는 것이죠. 종이에 펜으로 기록하며 진행합니다. 일에 관한 내용이 아니더라도 그 달에 가족, 친구들과는 어떤 재미있는 시간을 보냈는지, 이번 달에 본 콘텐츠 중 가장 좋았던 건 무엇이었는지, 어떤 책이 가장 인상 깊었는지, 어떤 순간이 좋았는지 일상에 대해서도 곰곰이 생각해보며 즐거워하는 시간입니다.

지난 시간을 되돌아보며 반성하기도 하고, 리뷰한 내용을 토대로 다음 한 달을 상상해보고 무엇을 하고 싶은지도 기록합니다. 이전에는 무엇을 '해야 할지' 기록했었는데 점차 부담으로 다가올 때가 있어서, 무엇을 '하고 싶은지' 생각해보는 것으로 프레임을 바꿨더니 한결 가벼운 마음으로 새로운 달을 맞이할 수 있었어요. 신기한 것은, '이번 달은 별로였어'라는 생각이 들어도 막상 돌아보면 꽤나 알차게 잘 보낸 시간이었다는 걸 알게 되어서 다행일 때가 있어요.

지난 한 달을 결산해보자면, 우선 논디 계정을 만든 이후로 6번째 오프라인 팝업을 성공적으로 마쳤다는 점이 떠오릅니다. 오프라인 팝업 활동이 좋았던 것은 무엇보다 다양한 사람들을 많이 만날 수 있었기 때문이죠. 함께한 사람들로부터 긍정적인 에너지를 얻고, 또 앞으로도 열심히 잘 해봐야지 하는 동기부여가 된 시간이었습니다. 찾기가 그리 쉽지 않은 곳에 위치했는데도 팝업스토어에 와주신 팔로워분들, 친구들, 지인들에게 참 감사한 순간이었어요. 그 외에도 타 업체와 협업하는 프로젝트도 진전이 있었고, 또 다른 협업이 이루어진 한 달이었습니다.

일 말고도 너무나 궁금했던 영화를 재미있게 보았고, 좋아하는 맛집을 방문하기도 했고요. 날이 풀려 친구들과 당일치기로 캠핑을 떠났고, 또 캠핑에 꽂혀 캠핑용품들을 많이 산 한 달이었네요.

월말에 하루이틀 정도 할애해서 결산하는 시간을 보내고 있습니다. 이렇게 사소한 것부터 내가 이룬 성취들을 꼼꼼히 기록해두면 자존감도 올라가고 지나간 일상이 굉장히 알찬 시간들이었구나 하는 뿌듯함은 덤으로 따라오기 때문에 다가오는 다음 달도 잘 살아갈 수 있겠다는 자신감의 원동력이 됩니다.

기록하지 않으면 정말 기억이 흐릿해져요. 하루하루 좋은 날만 있을 수 없고 어려움에 부딪히는 날들도 많은데, 기록을 해두지 않으면 불과 한 달 전에 내가 기분 좋았던 일이나 성취들을 기억하지 못해 더 기분이 가라앉곤 하거든요.

무엇보다 혼자서 사업을 하고 있어서 함께 평가하고 의논할 사람이 없기 때문에 스스로 작은 원칙들을 세워두고 성과를 살펴볼 수 있는 시간을 갖는 것이 저에겐 무척 중요합니다. 장래에도 큰 도움이 될 것이라 생각하고 한 달 결산 시간만큼은 꾸준히 지키려 노력하고 있습니다.

직장 생활에서 벗어났기에 자유롭게 지낼 수도 있지만 오히려 더 스스로를 잘 관리해야 오래 지속할 수 있는 일이라는 것을 시간이 갈수록 체감하고 있어요. 혼자 일궈가는 일이기 때문에 체력도 관리해야 하고 무엇보다 멘탈 관리가 가장 중요하다고 느끼고 있습니다. 나 자신과 더 많은 대화를 하고 스스로를 더 살펴볼 수 있는 여유가 필요합니다.

상상을 현실로 만드는
디자이너의 기록법

2부

"아이디어와 창의성의 진보는
백지 위에 처음 밑그림을 그리는 순간과
그렸던 밑그림을 지우고 그 위에
다시 그리는 순간 사이에 존재한다."

_팀 페리스, 「타이탄의 도구들」

영감은
기록에서 온다

여행지의 낯선 풍경은 우리에게 색다른 감각을 선사합니다. 도로 표지판이나 담벼락의 낙서, 길거리에 무심하게 놓여 있는 의자 등 일상적이고 사소한 모습조차 새롭게 느껴지곤 하죠. 무언가에 유독 시선이 길게 머무르고 머릿속에 그와 관련된 것들이 떠오르고 상상하게 될 때가 있는데, 바로 그때가 영감을 얻는 순간입니다.

예전에는 무조건 새로운 곳에 가서 뭔가를 관찰해야 새로운 영감이 떠오를 수 있다고 생각했습니다. 그런데 생각의 프레임을 바꿔 내가 일상을 보내는 익숙한 곳들을 마치 여행하는 것처럼 관찰하다 보면 그때그때 필요한 영감을 얻을 수 있다는 것을 알게 되었습니다. 익숙한 것을 의식적으로 낯설게 보는 연습을 하는 거죠. 내 시선이 오래 머무르고 '저거 뭔가 좋은데?' 하는 생각이 들 때 '이걸 내가 왜 좋게 느끼는 걸까' 고민해봅니다. 그 무렵 자주 생각하던 아이템이나 콘텐츠와 연결시킬 수 있을지 상상의 나래를 펼쳐봅니다. 제가 가장 좋아하는 순간입니다.

창의성이라는 건 무조건 새롭고 놀라운 것을 만들어내는 것이 아닙니다. 우리가 이미 알고 있고 경험한 것들을 약간만 비틀어서 새롭게 보이도록 연결하는 것이라고 생각해요. 따라서 나 스스로를 '항아리'라고 여기고 영감을 얻는 순간들을 최대한 많이 담으려고 의식적으로 노력하는 편입니다.

선배 디자이너들이 하던 이야기 중에 "인풋이 좋아야 아웃풋이 좋다"라는 말이 있는데요. 인풋(input)이란 내가 보고 듣고 경험하는 것들이고, 아웃풋(output)은 그것들을 활용해 만들어내는 결과물이죠. 내 안에 담겨져 있는 것이 빈약하면 결과물도 빈약할 가능성이 크다는 이야기입니다. 그래서 그 말을 들은 이후로 최대한 많은 것을 보려고 노력하고, 이걸 어떻게 활용하면 좋을지 내 안의 안테나를 세우고 살펴보곤 합니다.

이때 꼭 필요한 것이 '기록'이에요. 스마트폰, 노트, 포스트잇, 어디든 손에 잡히는 곳에 기록을 합니다. 기억하

기 위해 기록해요. 스쳐가는 모든 것을 기억할 수는 없기 때문이죠.

종종 영감을 어디에서 얻느냐는 질문을 받으면 딱히 뭐라 답변하기 곤란한 이유도 이런 탓입니다. 내 눈에 보이는 모든 것이 영감의 순간이 될 수 있으니까요. 넷플릭스를 보다가 시대극이나 SF물의 세트장이나 소품이 디자인의 영감이 되기도 하고, 길을 가다가 문득 눈에 띈 입간판이나 표지판이 영감이 되기도 하며, 인스타그램을 보다가 얻기도 합니다.

핵심은 그저 흘려 보는 것이 아니라 눈길을 끄는 게 있다면 내 감정이 반응을 했다는 뜻이므로 좀 더 오래 관찰하고 상상하면서 기록하는 것입니다. 반드시 어떤 결과물이 나오지 않더라도 다양한 방식으로 기록을 해두면, 점차 쌓이다가 어느새 나만의 영감 아카이브가 됩니다. 이렇게 쌓아놓은 나만의 영감 아카이브는 창작을 해야 하는데 아무것도 떠오르지 않아 막막할 때 들여다보면 머리가 말랑말랑해지는 보물창고가 되어줍니다.

영감 노트

☑ 용도 : 디자인-브랜드 운영 아이디어, 영감이 될 만한 요소 기록
☑ 제품정보 : 포인트오브뷰 '애플저널 L' & 몰스킨 '플레인 XL'
☑ 빈도 : 생각을 붙잡아두고 싶을 때

브랜드를 준비하며 도움될 만하다 싶은 것은 무엇이든 적고, 브랜딩과 상관없더라도 영감이 될 만한 요소들을 기록하는 노트입니다. 온갖 잡생각을 전부 기록하는 노트라고도 할 수 있죠. 콘텐츠를 보고 떠오르는 생각을 적기도 하고, 공유하고 싶은 콘텐츠를 기획하는 용도로 쓰기도 하고, 갑자기 떠오르는 디자인 콘셉트와 관련된 아이디어도 적는 '만능 노트'입니다.

지금 제작하고 있거나 이미 만들어진 아이템들 모두 단번에 디자인 아이디어가 떠오른 게 아니라, 언젠가 노트에 '이런 내용의 이런 제품을 만들고 싶다'고 가볍게 스케치해둔 것들이 세상에 나오게 되었죠. "옛날 영수증 같은 무드의 체크리스트였으면 좋겠다"는 메모가 지금 판매하고 있는 '체크리스트 메모패드'로 연결되었고, "슬로건 사이즈의 포스터가 있다면 벽에 포인트로 붙여놓기 좋을 텐데"라는 메모도 '슬로건 포스터'로 만들어졌습니다.

브랜드 운영과 디자인 콘셉트 아이디어, 콘텐츠 리뷰 등 온갖 잡생각을 기록하는 노트. 나중에 들춰보면 영감이 새록새록 피어나죠.

영화나 유튜브 콘텐츠를 보고 기억에 남는 아주 사소한 것까지도 여기에 적어두는데요, 이렇게 적어두면 흘러가는 생각을 잡아두기에도 좋지만 사실 아무 생각이나 막 써놓기 때문에 나중에 보면 정말 재미있어요.

영감 노트는 형식과 상관없이 다양하게 사용하는 편입니다. 예전에는 가죽노트 커버에 노트 두 개를 조합해서 기록했었는데, 지금은 포인트오브뷰 애플저널의 큰 사이즈 버전이 나와서 이 노트 하나에 기록하고 있습니다. 이 노트를 다 쓰면 다음에는 또 어떤 걸 구입해서 쓸지 고민하는 재미도 쏠쏠해요.

독서 노트

책을 읽으며 인상 깊은 문장이나 기억하고 싶은 내용을 페이지와 함께 기록하는 용도의 노트입니다. 일기와 더불어 오랫동안 하고 있는 기록의 형태입니다. 그냥 책만 읽을 때도 있지만 기록하는 게 습관이 되고서부터는 뇌리에 강하게 꽂히는 말은 노트에 적어야 마음이 편해요.

노트가 없다면 스마트폰으로 사진을 찍어두고 나중에 노트에 옮겨 적습니다. 확실히 그냥 읽었을 때보다 기록하면서 읽은 책이 기억에도 더 잘 남더군요. 맨 앞장엔 읽은 책의 제목과 독서 날짜를 함께 기록한 '읽은 책 리스트' 도 만들어둡니다. 책을 한 권 다 읽으면 칸이 하나씩 채워지는 게 성취감도 들고 제법 기분 좋아요.

독서 노트용으로 다양한 노트를 써봤는데 지금은 펜코의 라인이 있는 스프링노트를 쓰고 있습니다. 제본한 노트는 책을 읽는 동안 손으로 책을 들고 있으면 독서 노트가 자꾸만 닫히는 게 불편해서 펼쳐두고 쓸 수 있는 스프

기록하며 읽은 책이 기억에 더 오래 남아서 독서 노트만큼은 꾸준히 이어가고 있어요. 기억하고 싶은 문장, 독서하며 드는 생각 등을 기록해둡니다.

링노트를 사용하고 있습니다. 물론 책을 읽는 장소나 습관에 따라 다를 수 있어요. 제게는 그저 스프링노트가 잘 맞을 뿐입니다.

　독서 노트 내지에는 페이지와 함께 기억하고 싶은 문장을 기록하고, 책을 읽으며 드는 생각이나 아이디어를 함께 적어두기도 합니다. 이렇게 기록해두면 필요할 때 해당 페이지를 빠르게 찾을 수 있고, 나중에 들춰보았을 때 잊고 있던 아이디어가 떠오르기도 해요. 제가 가장 사랑하는 노트 중 하나이고, 오래오래 계속 이어가고 싶은 기록 습관입니다.

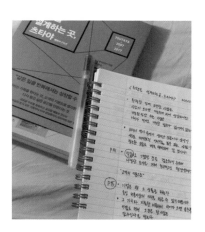

아카이브북

☑ 용도 : 패키지나 그래픽 인쇄물의 샘플을 모아두는 곳
☑ 제품정보 : 무인양품 '20홀 바인더 + EVA케이스 바인더용'
☑ 빈도 : 보관하고 싶은 인쇄물을 발견했을 때

아카이브를 위한 기록은 주로 온라인에서 이루어지지만 오프라인 도구도 필요합니다. 노션과 메모 앱이 디지털 그래픽 파일을 담아두는 곳이라면 아카이브북은 실제 인쇄물을 수집해두는 곳이죠.

제품을 디자인해 판매하는 브랜드를 운영하고 있다 보니 타 브랜드의 제품을 구입했을 때 보여지는 모든 것이 배울 점이 됩니다. 멋지다고 생각하는 제품의 네임택이나 인쇄물을 지퍼백 내지에 담아 모아둡니다. 그리고 개인적인 사진이나 인쇄 자료, 포스트잇이나 메모지를 모아두기도 하죠.

이전에는 박스에 담아뒀었는데 영 손이 안 가더군요. 바인더 형태의 지퍼백 내지를 써보니 훨씬 접근성도 좋고 보관하기도 좋아서 만족하고 있습니다. 시간이 흘러 여러 권이 되면 파일 등에 카테고리를 표시해서 일렬로 예쁘게 꽂아두는 그림을 상상하며 사용하고 있습니다.

인쇄물로 된 참고자료를 모아두는 용도의 바인더. 박스에 보관할 때는 손이 잘
안 가서 지퍼백 내지의 바인더를 써보니 정리도 간편하고 찾아보기도 좋아요.

이미지
아카이빙

종이 노트가 글과 스케치를 기록하는 수단이라면, 이미지를 수집하고 모아두는 창구로는 주로 온라인 도구들을 활용하고 있습니다. 바깥 세상을 돌아다니는 것처럼 SNS나 핀터레스트를 서치하는 것도 산책과 비슷한 느낌을 받아요.

마음에 드는 감도의 사진이나 참고하고 싶은 디테일이 있는 사진 등 연출, 색감, 배치방식, 구도 등 사진 한 컷에도 배우고 응용하여 내 것으로 만들 수 있는 요소들이 아주 많습니다. 예를 들면 한 명품 브랜드 계정에 올라와 있는 사진들은 세계 최고의 포토그래퍼와 디자이너가 시간과 정성을 쏟아 작업한 결과물입니다. 당연히 배울 점이 많죠. 그 중에서도 더 마음에 드는 자료는 캡처를 해둡니다. 이외에도 흥미를 끄는 제품의 이미지들도 캡처하거나 저장해둡니다.

이렇게 다양한 기록방법을 이용하는 이유는 기억력에 한계가 있기 때문이죠. 멋지다고 생각한 아이디어나 자료를 분명 오래 기억할 줄 알았는데 금방 잊어버려서 고통에 몸부림칠 때가 많아요. 최대한 기억을 붙잡아두기 위해 수단과 방법을 가리지 않고 기록을 해둡니다.

아무리 좋은 자료도 모아두기만 한다면 소용이 없겠죠. 일주일에 최소한 한 번 정도는 그 주에 아카이빙 해두었던 이미지들을 살펴봅니다. 쌓아두고 나중에 볼 수도 있겠지만, 주기적으로 확인해보는 편이 더 기억에 잘 남을 뿐 아니라 잠재의식 속에 심어두고 필요할 때 꺼내 쓰기에도 좋거든요. 저장했을 당시보다 더 괜찮은 생각이 떠오를 때도 있고요. 디자이너나 기획자 등 창작을 하는 사람이라면 메모와 기록을 최대한 다양하게 즐겨보는 것을 추천합니다. 분명 큰 도움이 될 거예요.

노션과 스마트폰 메모 앱

이미지 자료를 수집하고 모아두는 용도로 노션을 쓰고, 노트가 없을 때 급하게 메모해야 할 일이 생기면 기본 메모 앱을 활용합니다.

노션은 아주 다양한 기능이 있는 메모 앱인데 그 기능을 전부 사용하지는 않아요. 간단한 것들만 쓰는데, 주로 인터넷을 하며 눈에 띄는 이미지 자료들을 분류해서 키워드와 함께 노션에 저장해놓습니다. 나만의 아이디어 창고인 셈이죠. 노션을 사용하기 전에는 그냥 앨범에 넣어두고 나눠놓곤 했는데 생각보다 그 양이 많고 평소에도 사진을 많이 찍는 스타일이라 앨범 속에서 잊혀지기 일쑤였어요. 그래서 생각해낸 방법입니다. 크게는 '논디'라는 이름으로 운영하고 있는 SNS를 위한 자료들과 '데이오프 프로젝트'를 위한 자료들로 나누어 카테고리를 정리한 후 그에 맞는 내용들을 넣어두고 있습니다. 나중에 노트에 아이디어를 풀 때 같이 열어두고 보면서 이런저런 생각을 하며 참고하는 편이에요.

노션은 웹상에서 나만의 폴더 사이트 같아요. 그 폴더를 클릭했을 때 엑셀파일 같은 차트가 열릴지, 메모장 같은 페이지가 나올지, 갤러리 같은 이미지들이 열리게 할지 사용자가 자유롭게 만들 수 있는 프로그램이죠. 독서기록을 원한다면 차트를 만들어서 순서, 책제목, 저자, 읽은 날짜, 별점 등으로 나눌 수 있고, 좀 더 세분화된 기록을 원한다면 책제목을 눌러서 메모장이 켜지게 할 수도 있습니다.

저는 독서기록용으로도 사용했고, 투 두 리스트를 적어두기도 했으며, 회사 다닐 때는 일과 중 배운 것을 기록해두기도 했어요. 지금은 이미지 저장용으로만 쓰고 있습니다. 스마트폰, 데스크탑, 아이패드에서 연동이 되기 때문에 이동이 잦은 사람이 사용하기에도 좋습니다.

스마트폰의 기본 메모 앱은 아무래도 접근성이 가장 빠르다 보니 노트를 사용할 수 없거나 노션까지 접근하기 어려울 정도로 급하게 사용해야 할 때 우선 적어놓는 도구입니다. 나중에 다시 보고 노트에 옮겨 적거나 노션에 따로 옮겨 적어놓곤 해요. 대중교통에서 멍 하니 있다가 갑자기 생각이 떠오를 때가 있는데, 그럴 때 잊어버리지 않기 위해 가장 많이 사용하는 앱입니다.

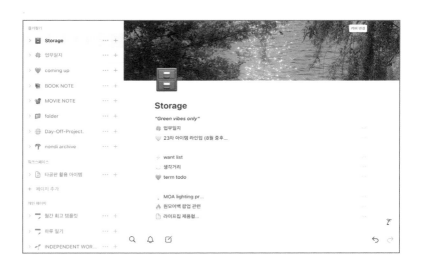

노션은 문서 관리나 메모, 데이터베이스 등 사용자가 자유롭게 쓸 수 있는 프로그램입니다. 업무일지, 투 두 리스트, 독서기록, 이미지 저장 등 다양하게 활용할 수 있습니다.

핀터레스트·인스타그램 저장탭

핀터레스트나 인스타그램을 보면 이미지 자료가 엄청나게 많죠. 눈에 들어오는 자료들도 역시 많을 수밖에 없는데 이것들을 전부 저장해서 노션이나 앨범에 두면 용량도 많이 차지할뿐더러 여간 번거로운 일이 아닐 수 없기에 영감이 될 만한 자료들은 해당 앱의 저장 기능으로 모아두고 있습니다.

핀터레스트는 20살 때부터 수많은 자료들을 카테고리별로 저장하고 있어요. 예를 들면 Shape, Color, Detail부터 Product Design, Furniture Design, Package Design 등등 각 폴더에 맞는 이미지를 나누어 저장합니다. 다른 사이트와는 다르게 핀터레스트는 해당 이미지와 비슷한 무드를 훑어보기 좋기 때문에 특정 콘셉트나 무드를 한번에 보고 싶을 때 애용하곤 합니다.

인스타그램도 저장탭이 있고 카테고리를 분류해서 특성에 맞게 저장할 수 있어요. 만약 어떤 이미지에서 패키징이 예쁘고 나중에 또 보고 싶다 하면 '패키징'이라고 분류해둔 탭에 저장해놓습니다.

핀터레스트나 인스타그램 둘 다 기본적으로 저장 기

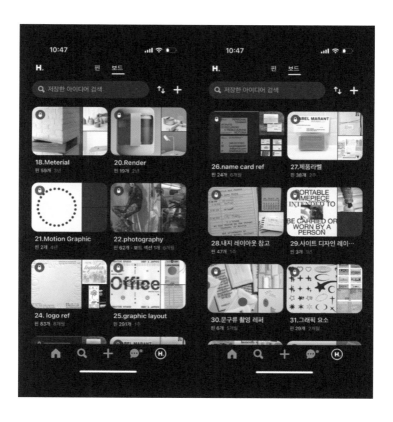

핀터레스트는 카테고리별로 폴더를 세분화하는 게 중요해요. 나중에 하려면
왜 저장했는지 잊어버릴 수 있어서 그때그때 분류하고 저장합니다.

능을 활용하지만 정말 마음에 들고 꼭 내 머릿속에 저장해두고 싶은 이미지는 노션으로 옮겨둡니다. 이렇게 수많은 자료들을 저장할 때 중요한 것은 폴더의 카테고리를 잘 나눠야 한다는 점입니다. 귀찮다고 그냥 저장하면 나중에 다시 봐도 혼란스럽기만 하고 내가 무엇 때문에 이 이미지를 저장했는지 잊어버리기 쉬우므로, 처음부터 세분화해서 분류하고 저장할 필요가 있습니다.

굿노트

이미지들을 한꺼번에 모아두고 나만의 해석이나 아이디어를 표현하고 싶을 때 사용하는 앱입니다. 굿노트는 이미지 분석을 하기에도 좋아요. 이미지들을 매번 인쇄해서 노트에 붙여 표기하고 싶지만 시간상 굿노트를 사용하는 편이 더 효율적이어서 종종 활용하고 있습니다.

브랜드에 대해 공부할 때, 타 브랜드를 분석하면서 여러 이미지들을 한 페이지 안에 펼쳐놓고 사용할 수 있어서 좀 더 생각을 정리하기가 좋더군요. 전시회나 특정 장소를 다녀온 후 디자인적으로 활용해보고 싶은 영감이 떠오르는 경우에도 촬영한 사진들과 함께 나만의 해석이나 어떤 콘셉트와 아이템에 참고하면 좋을지 흘러가는 생각을 적어놓기도 합니다.

애플덕후가
종이에 기록하는 이유

애플 제품들을 좋아해서 아이폰부터 맥미니, 맥북, 아이패드, 애플워치 등을 사용하고 있습니다. 제품 디자인을 공부하다 보면 어떤 제품을 굉장히 자세히 관찰하는 습관이 생기는데 애플 제품들을 뜯어보면 감탄이 절로 나오는 디테일과 마감을 가지고 있어요. 또, 원활한 호환성도 한몫합니다. 집에서 맥미니로 작업하던 자료들을 따로 옮기지 않아도 카페에 가서 맥북으로 바로 이어 작업할 수 있거든요.

아이패드를 산 지 얼마 되지 않았을 때엔 아이패드에 종이질감 필름을 붙여서 애플펜슬로 굿노트 다이어리를 쓰기도 하고 아이디어 스케치도 하는 등 나름 디지털 기록 생활을 한 적도 있었지만 결국 종이와 펜으로 돌아오게 되었어요. 물론 SNS를 활용하기도 하지만 인사이트나 생각은 대부분 종이에 펜으로 기록하며 남기는 편입니다.

노트마다 다른 질감의 종이도 좋고 그 종이에 펜의 잉크가 굴러가거나 혹은 살짝 긁히는 느낌, 필기를 하는 그 감각이 좋아요. 또 항상 눈에 보였으면 하는 정보를 스마트폰이나 모니터 배경화면에 띄울 수도 있지만, 그래도 결국 메모지에 직접 글로 적어 책상 위 어딘가 잘 보이는 곳에 붙여두는 것이 더 효과적이었습니다. 글자를 적는 순간 한 번 더 상기할 수 있고 그 감각이 기억력을 더 높여주는 것 같아요.

무엇보다 나의 기록이 늘어가는 게 시각적으로 보이는 것도 종이에 기록하는 매력 중 하나입니다. 인덱스가 덕지덕지 붙어 있고 약간은 바랜 듯한, 차곡차곡 쌓인 다 쓴 노트들을 보면 그렇게 뿌듯할 수가 없거든요. 가끔 예전에 썼던 다이어리를 들춰보면서 과거의 나는 이런 생각을 했었구나, 이런 고민이 있었구나 추억에 빠지기도 하고, 지금은 생각도 못한 아이디어나 스케치들을 볼 때면 또 다른 아이디어를 떠올리는 데 큰 도움이 되기도 합니다.

그렇기 때문에 일을 할 때 어디에서든지 꼭 확인이 필

요한 자료나 일정이 아니라면 대부분 종이에 적고, 밖에서 일할 때도 가장 자주 쓰는 노트 하나는 꼭 들고 나갑니다. 일을 시작하기 전에도, 특정 일이나 제품을 기획할 때에도 우선 노트나 종이를 펼쳐놓고 글로 쓰면서 생각을 풀어보는 것을 먼저 합니다.

스케치를 할 때에도 느끼지만 손가락으로 생각을 하는 듯한 느낌을 많이 받아요. 종이에 펜이 가는 대로, 그게 내 의식의 흐름이 되고 더 나은 길로 안내해줄 것이라는 믿음이 있습니다.

모든 결과물의 시작점,
드로잉북

많은 미대생의 유년시절이 그러하듯, 저 역시 대여섯 살 무렵부터 내 몸만 한 스케치북을 끼고 살았어요. 지금도 그렇습니다. 문구점의 스케치북 코너에 가면 심장이 뛰고 꼭 하나는 사서 들고나오죠.

드로잉북에는 사용하던 당시의 감정과 생각이 녹아 있습니다. 중고등학생 때 썼던 드로잉북을 버리지 않고 모아두고 있는데 가끔 펼쳐보면 내가 이때 어떤 걸 좋아했는지, 어떤 것에 흥미가 있었고, 어떤 고민이 있었는지 사진을 찍어둔 것처럼 선명하게 기억나요.

학부생 시절부터 현재까지 드로잉북은 제게 믿음과 실행의 매개체가 되어주고 있습니다. 책상에 앉아 노트를 펴고 펜을 쥐고 상상의 나래를 펼쳐가며 어떤 형태와 콘셉트의 제품을 디자인하고 만들고 싶은지 고민을 시작하는 첫 단추이기 때문이죠. 이때에는 오로지 내 머리와 손을 믿고 다양한 생각을 풀어나가야 합니다. 마음이 편안해야 구상이 잘 되기 때문에 스케치를 시작하는 순간은 항상 마음을 평온하게 가다듬고 시작하려고 해요.

디자인 아이디어를 기록하고 스케치하는 용도로 수많은 노트를 써보았는데, 5년 전 처음 써본 몰스킨 노트에 정착했습니다. 처음엔 종이가 너무 얇지 않나 싶었는데 적당한 두께에 페이지를 넘길 때의 느낌도 좋고, 뒷면에 비치는 것도 나름 매력이라고 생각하니 적응이 되어서 지금까지 잘 쓰고 있습니다. L 사이즈의 작은 노트를 쓰다가 스케치를 거침없이 하며 생각을 퍼트려보는 브레인스토밍을 할 때 종이가 조금 작은 느낌이 들어서 지금은 XL 사이즈에 소프트커버인 노트를 쓰고 있어요. 몰스킨에서는 무지 노트를 플레인이라고 하는데, 스케치용은 전부 플레인으로 구입하고 있어요.

몰스킨의 또 다른 매력은 다 사용한 노트를 모아두었을 때의 통일감과 시간의 흐름이 느껴지는 데서 오는 뿌듯함입니다. 다만 종이가 조금 얇고 다른 노트에 비해 가격대가 있는 편이어서 혹여 이 글을 보고 몰스킨에 관심이 생긴 분이라면 꼭 실물로 보고 직접 종이를 만져본 후

선택할 것을 추천합니다.

몰스킨 드로잉북에는 각종 상상의 나래를 펼쳐본 흔적들이 남아 있어요. 특정 아이템을 디자인하고 기획하는 초기 단계에 글로 써보기도 하고 그림을 손 가는 대로 그려보면서 머리와 손을 푸는 시간을 갖고, 더 발전시켜 컴퓨터로 구현하기 전 단계까지 스케치로 완성시키는 것이 주 목적입니다.

제작물로 나오는 모든 제품의 시작이 이 노트에서 나왔다고 할 수 있습니다. 디자이너로서 만들어내는 모든 결과물의 시작점이기도 하니 커리어와 삶의 시작점이라고도 볼 수 있겠죠. 피스키나 테이블(Piscina:table)과 도어 메모 플레이트(Door:memo plate)도 학부생 때 사용하던 드로잉북에서 나왔고, 최근 브랜드를 운영하며 제작한 여러 제품의 시작점도 드로잉북에 스케치가 기록되는 시점부터입니다.

꼭 디자인만이 아니라 무언가를 창작하거나 기획할 때에도 제가 스케치를 하는 것과 비슷한 방식으로 쓸 수 있습니다. 같은 원리를 사용하면 좀 더 머릿속을 정리할 수 있고 결과물을 더 완성도 높게 만들어낼 수 있을 거예요.

1. 머릿속에 떠오르는 내용들을 부담 없이 풀어 기록해

본다. (브레인스토밍)

2. 이 중 괜찮다고 느껴지는 것을 골라 왜 괜찮은지, 어떻게 적용해볼 수 있는지 기록해본다. (선택)

3. 선택한 것에서 출발하는 아이디어를 더 넓게 기록해본다. (생각의 확장)

4. 넓게 생각해본 것들을 추려 한두 가지의 키워드로 기록해본다. (정리)

이러한 과정을 거쳐 두세 가지 콘셉트나 디자인 시안이 나오면 이제는 컴퓨터 프로그램을 이용하거나 두꺼운 종이를 이용해 실제 사이즈로 만들어보면서 입체적이고 실질적인 시안으로 발전시킵니다.

모니터 상에서 키보드로 생각을 정리하다가 막막했던 적이 있다면 펜을 들고 종이에 적어보세요. 좀 더 편안하고 자유롭게 생각해볼 수 있는 시간을 열어줄 것입니다.

제작 노트 1.
수영장이 연상되는 사이드 테이블

대학 시절 디자인하고 제작한 피스키나 테이블은 어쩌면 오늘의 저를 만든 작품이라 해도 과언이 아닙니다. 피스키나 테이블은 세계적인 산업디자이너인 스테판 디에즈 (Stefan Diez)가 시상작을 선정하는 독일의 아인운트츠반 치히(Ein Und Zwanzig)에서 최종 후보작이 되었고,《프로 디즈(Prodeez)》,《리빙센스》등 국내외 매거진에 소개되었습니다. 또, 피스키나 테이블 덕분에 2019 영 크리에이티브 코리아(Young Creative Korea)에 산업디자인 크리에이터로 참가할 수 있었죠.

제 포트폴리오의 큰 부분을 차지하면서, 경험해보고 싶었던 에이전시에서 근무해볼 수 있는 큰 기회를 가져다 주기도 했습니다. 무엇보다 데이오프 프로젝트의 첫 번째 가구 제품으로 출시되어 지금도 많은 이들에게 사랑받고 있다는 사실이 아무리 생각해도 신기하기만 합니다. 정말 지금 하고 있는 크고 작은 일들이 미래의 나에게 어떤 기회를 가져다줄지는 아무도 몰라요.

대학에서 컴퓨터 그래픽 프로그램으로 가상의 물건을 만드는 데 그치는 게 아쉬워서 실제로 제작해본 개인 프로젝트 작업. 수년이 지나 내 브랜드의 첫 번째 가구 제품으로 출시되었으니, 미래의 새로운 기회는 대학생의 드로잉북에서 시작된 셈입니다.

이 테이블도 드로잉북에서 시작되었습니다. 어떤 형태와 콘셉트를 가진 테이블을 만들지 이런저런 스케치를 하며 고민하던 중 갑자기 수영장 사다리를 연상시키는 사이드 테이블이 떠올랐어요. 단번에 이 형태를 발전시키고 싶은 생각이 들었습니다. 개인적으로 겨울보다는 여름의 푸르름과 생명력이 가득한 활기를 좋아하거든요. 수영장의 무드를 떠올려보면 보통 바쁜 일상에서 휴식을 즐기러 방문하고, 햇빛이 내리쬐고 자유롭게 유영하는 모습이 연상되는데, 이 사이드 테이블을 사용하는 동안 그런 여유로움이 가득한 시간이 되었으면 하는 마음이었습니다.

사다리를 연상시키는 파트에 선반 역할을 할 수 있는 파트를 만들고 상판과 자연스럽게 어울리도록 형태를 수차례 다듬었습니다. 작은 사이즈로도 만들어보고, 임시 재료를 가지고 실제 사이즈로도 만들어보면서 가장 적합한 너비와 높이를 테스트했습니다. 이때부터 형태와 실용성이 잘 어우러지게 하는 방향을 조금이나마 깨달은 것 같아요. 디자이너마다 성향이 다르지만 이 프로젝트로 인해 지금 제가 디자인하는 방식인 '아름다운 조형에 실용성 한 스푼'이라는 방식이 유지되고 있습니다.

머릿속 영감을 디자인적으로 구현하고, 더 나아가 현실

로 구체화하는 작업이 쉽지는 않았어요. 당시 대학생이었던 저는 도면 하나 달랑 들고 철공소가 모여 있는 을지로4가로 무작정 찾아갔습니다. 조금이나마 알고 있는 공정이 적혀 있는 간판을 보고 한 철공소에 들어갔죠. 다행히도 사장님은 '철판의 두께와 철파이프에도 규격이 있다, 이 부분은 한 번에 만들 수 없고 둘로 쪼개서 용접으로 이어붙여야 한다' 등 학교에서는 배울 수 없었던 내용들을 알려주셨습니다. 공장에서 일개 학생의 작품을 제작하는 일은 상당히 귀찮은 일일 텐데도 제가 만난 사장님들은 모두 친절하게 제조 공정을 알려주셨어요.

이때 경험한 것들은 볼트, 너트의 규격 등 아주 사소한 것 하나까지 전부 기록해놓았습니다. 제품 제작 공정을 겪다 보면 현장에서만 쓰는 특이한 용어들이 많아요. 제작하시는 분들은 평소엔 들어보지 못했던 단어들을 구사하시고 이런 전문용어는 인터넷을 검색해봐도 뜻이 나오지 않는 경우가 많기 때문에 현장에서 쓰는 단어들도 기록해두었습니다. 이때 기록을 안 해두었으면 분명 지금은 다 잊어버렸을 거예요. 이런 기록들 하나하나가 경험과 자산이 되어 내실을 더 단단히 다질 수 있게 해주었음은 분명합니다.

그렇게 수정을 반복해 테이블의 첫 디자인 샘플이 나

왔던 순간이 잊히지 않습니다. 상상한 제품을 실제로 사용할 수 있도록 만들고, 마침내 실물로 마주했을 때 해냈다는 느낌에 굉장히 행복했던 기억이 납니다.

제작 노트2.
아름다움과 기능성의 조화, 메모판과 펜 트레이

전공이 산업디자인이라서 그런지 '기능성'에 큰 가치를 두고 있습니다. 평화로운 수영장 사다리의 감성을 담았지만 구조적으로 선반의 기능을 살린 사이드 테이블이나, 책상 위에 두고 기억하고 싶은 무언가를 붙일 수 있는 자석 메모판이면서도 메모할 때 필수인 펜을 보관할 수 있는 부분을 만드는 것처럼 보기에 좋은 외형디자인과 더불어 어떻게 사용할지 상상해보고 기능성이 스며들게 만드는 것을 좋아합니다.

데이오프 프로젝트에서 두 번째 제품으로 선보인 것도 대학 시절 디자인했던 자석 메모판입니다. 영감의 순간은 시간이 지나도 그 짜릿함 때문인지 오랫동안 기억에 남아 있어요. 자석 메모판을 디자인하던 순간이 그렇습니다. 대학 시절 종종 침대에 엎드려 노트에 스케치를 하며 이런저런 생각하는 걸 좋아했는데, 그날은 문득 책상을 바라보다가 내가 책상에서 평소에 뭘 하는지 상상해보았어요. 나는 메모를 많이 하는 사람이구나, 그럼 메모판

내가 책상에서 하는 일을 상상하다 영감이 떠올라 만든 자석 메모판.

을 만들어볼까, 메모하려면 펜도 있어야 하니까 펜을 꽂
는 파트가 메모판에 딱 붙어 있는 형태는 어떨까, 하는 식
으로 사고의 흐름이 이어졌습니다. 괜찮을 것 같다는 생
각에 이르자 바로 스케치를 해나갔죠. 당장 만들고 싶어
졌습니다.

컴퓨터 프로그램으로 시뮬레이션 작업을 하고 제작도
면을 만들어 또 한번 을지로에 갔습니다. 물론 현장에서
문제를 발견하기도 했어요. 펜꽂이 용도로 쓸 파이프 지
름의 규격이 일반적으로 사용하는 규격이 아니어서 샘플
용 파이프를 구할 수 없다는 얘기에 전전긍긍했죠. 운 좋
게도 레이저 공장 사장님이 사정 이야기를 들으시더니 공
장에 남은 파이프 조각을 주셨는데, 놀랍게도 딱 들어맞
아서 샘플을 완성할 수 있었습니다.

그렇게 만든 도어 메모 플레이트는 작은 자석으로 간
단하게 메모를 붙일 수 있고 메모지와 함께 쓸 펜도 거치
할 수 있는 아이템으로, 지금은 사이드 테이블과 함께 우
리 브랜드를 알리는 데 큰 역할을 해주고 있습니다.

메모지, 펜, 작은 노트며 스티커 등 책상 위를 어지럽히
기 쉽지만 자주 사용하는 아이템을 간단하게 보관할 수
있는 트레이도 만들었습니다. 일명 페블 트레이(Pebble:
tray). 책상에 떡메모지와 작은 노트들이 굴러다니는 게

지저분해 보여서 펜과 함께 세워 거치할 수 있는 형태로 디자인했어요.

　어떤 형태가 기능과 조화로울지 노트에 스케치를 하며 고민했습니다. 펜을 놓는 자리와 어울리면서도 부드러운 느낌이 나길 바랐어요. 컴퓨터로 3D 형상을 만들어 시뮬레이션을 해보았는데 감이 잘 안 와서 두꺼운 종이로 모형을 만들어보았습니다. 생각보다 좋은 감성이 느껴져서 바로 도면을 만들고 공장에 샘플 제작을 요청드렸습니다.

　샘플을 확인할 때는 도면대로 잘 나왔는지, 실제 사용성에 문제는 없는지, 안전상의 문제는 없는지 등 더 수정하면 좋을 부분들을 꼼꼼히 체크합니다. 컬러를 선택하고 마침내 칠까지 된 샘플 제품을 받았던 순간이 생생하네요. 상상하던 물건을 현실세계에서 마주하는 일은 언제나 짜릿하거든요.

스케치나 화면에서 감이 안 올 땐 두꺼운 종이 등으로 실물 모형을 만들어보면
전체적인 감성과 보완점이 느껴집니다.

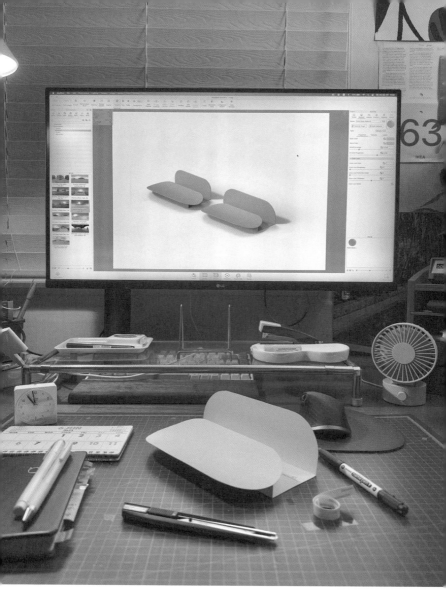

드로잉북의 스케치가 컴퓨터 3D 형상과 제작 도면, 샘플 제작의 과정을 거쳐
실제 제품으로 탄생할 때의 기쁨은 이루 말할 수 없죠.

나를 발견하는
기록법

3부

"무언가를 좋아하는 건
제 발로 걸어오는 게 아니고
그만큼 애정을 가지고 더 많이 더 세심하게
보려고 애써야 생기는 겁니다."

_JOH, 『Jobs:Editor』

좋아하는 것이
바로 나

스스로에 대해 처음으로 진지하게 생각해본 것은 20대 후반 다니던 회사를 퇴사한 후 앞으로의 인생을 어떻게 살아가야 할지 고민하던 무렵이었습니다. 조명 디자인 회사에서 제품 디자이너로 일하고 있었는데, 디자인부터 제작을 위한 설계까지 맡아 일했습니다. 경험하는 것도 많고 일도 재미있었어요.

그런데 무엇 때문이었을까요. 어느 날 출근길 버스에서 숨이 막혀왔습니다. 쓰러질 것 같은 기분과 함께 숨이 안 쉬어지고 심장이 미친듯이 뛰었어요. 곧 죽을 것 같다는 느낌마저 들었습니다. 조금 뒤 진정이 되어서 출근을 했지만, 그 후 회사에서 일을 하다가도 비슷한 증상이 다시 찾아왔고 결국 퇴사를 하게 되었습니다.

퇴사 후 한동안 쉬는 시간을 가졌습니다. 그리고 재취업을 고민하다가 문득 나 자신에 대해 생각해보았습니다. '나는 어떤 사람인가?' 스스로에게 질문을 던졌는데 답이 떠오르지 않고 막막했어요. 내가 뭘 좋아하는지도 알 수 없었습니다. 나 자신에 대해 너무 모르고 살아왔구나, 처음으로 자각한 순간입니다.

뭔가 고민이 있을 땐 종이에 펜으로 적어 내려가는 것을 좋아하는 편입니다. 그날도 책상에 앉아 내가 무엇을 좋아했는지 종이에 적어보기 시작했습니다. 심장이 기분 좋게 두근거리는 게 느껴졌어요. 희미한 기억 속을 더듬어가며 아주 어린 시절부터 중고등학교 시절, 대학, 회사 생활까지 어떤 경험, 어떤 활동을 할 때 흥미를 느꼈는지, 어릴 적부터 지금까지 질리지 않고 꾸준히 했던 것은 무엇인지 하나하나 짚어보았습니다. 그러다 발견하게 된 것이 있었죠.

저는 어릴 적부터 문구점을 참 좋아했습니다. 초등 저학년 무렵부터 거의 매일 동네 문구점에 들러 필기구를 사 모았어요. 새로운 문구가 나오면 일단 사서 써보고 친구들에게 추천하는 것도 좋아했어요. 중학생이 되어서는 '다꾸(다이어리 꾸미기)'에 빠졌습니다. 잡지에서 좋아하는 아이돌의 사진이나 좋아하는 물건, 풍경 따위의 이미

지들을 오려 붙이기도 하고, 신문에서 흥미로운 이미지가 보이면 잘라서 다이어리에 딱풀로 붙인 후 생각을 적어넣기도 했습니다. 문구와 기록에 대한 관심은 성인이 된 지금까지 줄곧 이어지는 취미 생활이기도 합니다.

또, 책상 꾸미는 것도 좋아해요. 저만의 감성을 가득 담아 데스크테리어를 하는 게 정말 재미있고, SNS에 정돈된 책상 공간 사진을 올려 많은 이들과 아이디어를 함께 나누는 것도 즐겁습니다.

나에 대해 공부하면서 20대 이후로 좋았던 경험을 떠올려보았습니다. 대학 시절 밤을 새가며 스스로 프로젝트를 만들어 실행한 일, 자취방을 내가 직접 선택한 물건들로 채웠던 경험, 물건을 사는 사람들의 이야기를 듣고 관찰하는 일 등이 생각났어요. 제가 나눌 수 있는 것은 무엇일지도 고민해보았는데, 일상에서 사용할 수 있는 제품 디자인, 인테리어 소품을 소개하는 일, 책상과 방 공간을 꾸미는 일을 사람들과 나눠볼 수 있겠더라고요.

이렇게 좋았던 경험과 내가 나눌 수 있는 일에 대해 정리하면서 제 자신이 주도적으로 일을 벌이는 것에 즐거움을 느끼는 사람이고, 재미있게 잘 할 수 있는 일은 디자인이며, 마케팅과 기획을 좀 더 배워서 크리에이티브 디렉터가 되고 싶다는 것을 깨달았습니다. 그리고 나만의 제품 디자인 브랜드를 만들어 다양한 일을 하는 디렉터가 되고 싶다는 결론을 얻을 수 있었습니다.

'앞으로 어떻게 살아갈까' 하는 질문에도 수없이 고민했는데, '몰입과 평온함이 공존하는 삶, 누구에 의한 것도 아닌 내 자신이 만들어가는 삶'을 살아가고 싶다는 생각이 들었습니다. 마침내 부모님께 회사에 다시 다니지 않겠다고, 내 브랜드를 하겠다고 선언(!)을 했는데, 부모님이 선뜻 "그래라" 하고 허락을 해주셨어요. 회사를 다시 다니라고 하시면 어쩌나 내심 걱정했는데, 나를 가장 잘 아는 부모님이 지지해주시니 안심이 되고 용기가 생겼습니다.

나를 공부하는 데에는 내가 좋아하는 것들을 키워드로 뽑아보는 것도 도움이 되었습니다. 저의 경우엔 네 가지로 정리가 되었어요. 책상, 기록, 문구, 디자인. 그리고 이 네 가지 키워드는 지금 제가 하고 있는 일로 이어집니다.

물론 내가 좋아하는 것이 꼭 직업이 될 필요는 없어요. 하지만 지금 무슨 일을 해야 할지 손에 잡히지 않아 헤매고 있다면, 우선 나 자신에 대해 알아보는 시간을 가져보세요. 내가 무엇을 좋아하는 사람인지, 나 자신을 알려는 시도를 해보면 저처럼 일로 이어질 수도 있고, 그게 아니더라도 자신감이 차오릅니다.

유의할 것은 스스로에게 솔직할 것. 내가 좋아하는 것이 남들이 보기에도 괜찮은 '그럴 듯한 것'인지 의식하지 말아야 합니다. 저 역시 무한경쟁 시스템 속에서 자란 한국인이어서 그런지, 나 스스로를 돌아보는 과정에서조차 정답을 찾으려고 하더군요. 누구의 눈치를 볼 필요가 없는 일이니 부담감을 내려놓으세요. 좋아하는 음료 한 잔 옆에 두고 한번 차분히 기록해보시길 바랍니다. 준비물은 종이와 펜만 있으면 됩니다.

나를 발견하는
기록법

'나를 알기'는 내 삶을 주체적으로 살 수 있는 방법입니다. 크게는 내 커리어에 도움이 되지만 작게는 물건 하나를 사는 데에도 주관이 비교적 뚜렷해져 갈팡질팡하는 고민을 줄일 수 있어요. 제가 시도했던 방법을 소개할게요. 과거의 나와 현재 상황을 시각화함으로써 미래를 위한 구체적인 계획을 세울 수 있습니다.

이 과정은 한 번 정하면 끝나는 게 아니라 끊임없이 수정할 필요가 있습니다. 직업과 환경이 바뀌면 나도 바뀌게 되거든요. 잘 보이는 곳에 두고 틈틈이 확인하며 보되, 1년에 한 번쯤은 기록했던 내용을 돌아보며 조금씩 더 나은 방향으로 바꿔보세요.

1. 나의 타임라인 돌아보기

가로선을 하나 쭈욱 그은 다음 섹션을 나누어 나이나 연도를 표기한 후 기억나는 이벤트들을 기록합니다. 기억이 난다는 것은 그만큼 내가 공을 많이 들이거나 내게 큰 영향을 준 사건일 확률이 높습니다. 각 이벤트마다 어떤 감정을 느꼈는지 혹은 어떤 이유로 좋았는지 적어봅니다.

유년기는 잘 기억나질 않으니 20살 이후로 세세하게 적어보아도 좋아요. 폰 안의 앨범이나 SNS에 기록했던 내용들을 살펴보면 더 상세하게 돌아볼 수 있고, 내가 어떤 순간들을 '굳이' 사진으로 담아 저장하려 했는지도 알 수 있습니다. 또 해당 경험을 통해서 내가 배운 것, 깨달은 것도 함께 적어보며 상기해보는 것을 추천합니다.

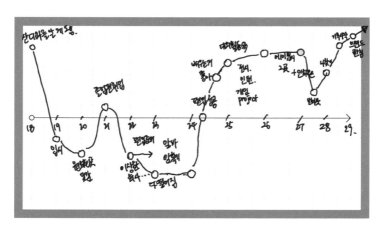

타임라인 기록하기

2. 내가 좋아하는 것과 싫어하는 것

타임라인을 돌아보며 내가 어떻게 살아왔는지 살펴보면 이때는 좋았고 이런 경험은 별로였고 하는 식으로 데이터가 생길 거예요. 이 내용들을 토대로 내가 좋아하는 것(경험)과 싫은 것을 나누어 짤막하게 적어보세요. 키워드로 적어도 좋습니다. 경험이나 태도, 성격으로 나타내도 좋고요. 스스로에게 아주 솔직해지는 단계입니다. 그 누구의 눈치도 보지 말고 내면의 소리에 귀 기울여보세요.

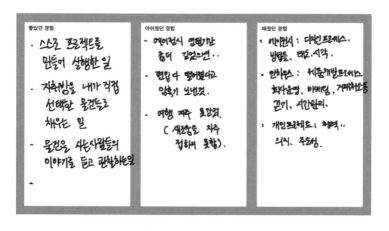

경험에서 나를 발견하기

3. 내가 할 수 있는 것

1번과 2번을 토대로 내가 가진 경험과 '필살기'는 무엇인지 확인하고 이를 내가 좋아하는 것과 결합시킬 수 있는지 확인해봅니다. 상상의 나래를 펼치는 단계이기도 해요. 저는 앞으로의 삶의 태도를 정하기도 했습니다.

나눌 수 있는 것들
- 제품디자인. → 일상에서 사용할 수 있는 것들. 기분좋게 하는 것들.
- 인테리어 소품소개?
- 책 읽고 평함.
- 제품개발과정에 적은 사항들.
- 법상유.
- 힐링서비스 소개
- 내방 소개.

나는 (주도적으로 업무번거롭)한 일을 할 때 즐거움을 느끼며
(반복적인)한 일은 지루함을 느낀다.
내가 잘 할 수 있는 일은 (제품디자인),(촬영·편집),(설계)이며,
더 배우고 싶은 것은 (마케팅),(기획),(경비주)이다.
나는 내가 재미를 느끼고 잘 할 수 있는 일인 (디자인)와 더 보완하고 싶은 (마케팅·기획)를 결합해서
(크리에이티브 디렉터)를 하고 싶다.

내가 잘할 수 있는 것 발견하기

4. 나는 어떤 사람인가?

1, 2, 3번을 심사숙고하여 기록하며 내 내면을 깊게 되돌아보는 시간을 가져보세요. 1, 2, 3번의 내용들을 펼쳐놓고 내 성격을 나타낼 수 있는 키워드를 5가지 정도 골라봅니다. 제 경우엔 '진취적인', '긍정적인' 같은 형용사로 생각해보았습니다. '나는 어떤 성향의 무엇을 좋아하는 ○○○이구나!' 하는 순간이 오면 왠지 알 수 없는 자신감이 차오르기도 해요. 긍정적인 변화의 시작입니다.

내가 생각하는 나					
착실한	안락한	솔직한	책임감있는	산뜻한	차가운
유쾌한	분별력있는	여유있는	포용적인	날쌘	수줍은
퉁근	뜨거운	친밀한	싱그러운	신비로운	재미있는
한가로운	드문	웃긴	따뜻한	편안한	단단한
평화로운	친절한	전문적인	소소한	강직한	느긋한
쾌활한	활동적인	별난	낭만적인	고요한	깔끔한
구수한	뛰어난	뻔뻔한	급한	대담한	적극적인
전통적인	최신의	도드라지는	다채로운	살가운	치밀한
수다스러운	넉넉한	새로운	무딘	꼼꼼한	열정적인

나의 성향과 강점

5. 플랜 세우기

회사를 다닌다면 내가 어떤 태도로 회사를 다니면 좋을지, 혹은 회사에서 내가 좀 더 배우고 증명해 보이고픈 것이 있는지, 자기계발을 한다면 어떤 분야로 어떤 내용을 공부하고 싶은지, 학생이라면 지금 당장 어떤 공부에 좀 더 치중하면 좋을지 등 미래 계획을 세우는 게 한결 쉬워질 것입니다. 저는 5년 계획을 짜고 다시 1년, 분기별, 이번 달, 이번 주, 오늘, 이런 식으로 긴 주기부터 짧은 주기까지 나름의 플랜을 세워보았습니다. 그러면 당장 오늘, 혹은 내일 하고 싶은 일이 무엇인지 알 수 있습니다.

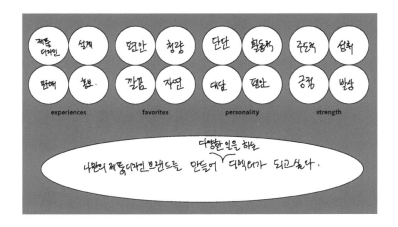

나만의 길 만들어보기

이 모든 일의 시작,
인스타그램

사람들에게 자주 말하는 것 중 하나는 이왕이면 좋아하는 것을 일로 하자는 것입니다. 어떤 일이든 '일'은 다 힘들어요. 그렇다면 최대한 내가 흥미있는 것을 가지고 일하는 게 좋잖아요.

물론 "내가 좋아하는 것을 업으로 삼는다"는 말이 그저 공허한 환상으로 끝나지 않으려면 현실을 제대로 파악할 필요가 있습니다. 저의 경우엔, 우선 내 취향에 공감하는 사람들이 있는지부터 살펴볼 필요가 있었습니다.

디자이너들 사이에서 "와, 진짜 잘했다! 진짜 좋다!"라고 평가받는 제품들이 실제 구매까지 이루어지지 않는 사례가 많고, 회사를 다닐 때도 디자이너와 소비자의 취향과 선택에 차이가 있는 것을 많이 보았기에, 실제 사용자들의 일상을 살펴보고 싶었습니다. 그들이 어떤 물건을 소비하고 일상에서 어떻게 사용하며 어떻게 배치하는지 관찰하고 싶었고, 가능하면 소통도 하고 싶었어요. 제품을 구매하는 사람들의 대부분은 디자이너가 아닌 사람들일 테니까요.

내가 좋아하는 것을 업로드 하는 취향 기록용 인스타그램 계정을 하나 만들었습니다. 책상 위의 기록과 일상 속 물건에 대한 이야기를 나눌 수 있는 공간을 원했고, 더불어 나중에 내 브랜드를 만든다면 온전히 내 취향이 이미지, 디자인 등 모든 부분에 반영이 될 텐데 이미지 기반인 SNS에서 이런 나만의 취향에 대해 어떤 반응일지 궁금했습니다.

사실, 책상 꾸미기를 좋아하고 사진 찍는 것도 좋아해서 엄청난 양의 사진들이 쌓여 있었는데, 그동안 사용해 왔던 일반 계정 말고 데스크테리어용 계정에 이 사진들을 깔끔하게 모아두고 싶기도 했어요.

처음 시작은 가벼운 마음이었습니다. 2021년 8월 1일 계정을 만들었는데, '연말에 팔로워가 1,000명이 되면 정말 좋겠다!' 하는 바람이었습니다. 제가 소통하고자 했던 분야는 다이어리 등 기록을 즐겨 하는 사람들과 데스크테리어, 본인의 공간을 가꾸는 것을 좋아하는 사람들이었습니다. 매일의 일상과 취향을 담은 물건들을 기록하면서 소통을 이어나갔죠. 관심사가 비슷한 사람들의 일상을 전달받고 구경하는 게 정말 즐거웠어요. 비슷한 취향의 계정을 보면 반갑고 살짝 다른 취향의 계정은 신기하고, 제 세계가 확장되는 느낌을 받았습니다.

동일한 닉네임으로 네이버 블로그, 트위터 계정을 개설해 각 SNS 특성에 맞게 매일 꾸준히 기록했습니다. 내 공간이나 물건을 포착할 때, 글을 쓸 때 느꼈던 긍정적인 감정이 보는 사람들에게도 전달되었으면 했고, 소소한 도움이 되었으면 좋겠다는 마음이었습니다.

그렇게 꾸준히 하다 보니 팔로워가 어느새 100명을 넘어 딱 한 달만에 1,000명이 되었어요. 지금도 꾸준히 팔로워가 늘고 있지만 이때가 가장 놀랍고 신기했습니다. 그 후 두 달만에 1만 명이 되었고 2023년 봄, 7만 명 가까이 늘었습니다.

제 이야기에 이렇게 많은 사람들이 관심을 가져주고 있다는 사실에 처음에는 마냥 신기하고 신났어요. 하지만 시간이 지나면서 점차 부담감도 들었습니다. 예상보다 너무 많은 분들이 내 소소한 이야기를 보고 있다고 생각하니 조금 겁이 나더라고요. 뭔가 더 멋진 것을 업로드 해야 할 것 같고 팔로워의 증감에 따라 마음이 불안해지기도 했습니다.

하지만 처음 시작할 때의 마음을 떠올리며 그 시기를 잘 넘길 수 있었습니다. 자극적인 것들이 넘쳐나는 세상에서 피드에 뜨는 제 게시글이 조금이나마 평온함을 느낄 수 있는 순간이 되기를 바라는 마음이요. 지금도 같은 생각입니다. 그렇게 부담감이 줄어들고 나니, 다시 처음처럼 SNS 활동을 즐길 수 있게 되었습니다.

기록으로
퍼스널 브랜딩까지

앞서 말했듯이 '논디' 계정을 처음 만들 당시에는 딱히 큰 목표를 두지 않았어요. 그저 내 취향과 기록 이야기들을 신나게 썼을 뿐인데 '퍼스널 브랜딩'이라는 단어가 붙더 군요. 사실, 저는 퍼스널 브랜딩이란 말도 잘 몰랐습니다. 퇴사 이후 브랜딩과 기획 공부를 하면서 처음 알게 되었 어요.

브랜딩(branding)은 보통 기업이나 상품을 말할 때 떠오 르는 가치나 이미지를 말합니다. 그런데 개인적 차원에 서 브랜딩하는 것을 퍼스널 브랜딩이라고 합니다. 나의 가치를 명확하게 정립하고 세상에 알려나가는 일이죠.

퍼스널 브랜딩은 결국 '나를 알린다'가 핵심입니다. 나 를 알리기 위해선 그에 앞서 내가 무엇을 알릴 수 있는 사람인지 스스로 알아야 합니다. '나'를 잘 아는 일이 우선적으로 이루어져야 해요. 다른 사람들의 인스타그램을 살펴볼 필요가 없습니다. 우선 내가 어떤 사람인지, 무엇을 좋아하는지, 어떤 장점을 갖고 있는지, 어떤 경험을 했는지 세세하게 살펴보세요. 그런 다음 이 중에서 나누고 싶은 이야기를 SNS로 공유하고 사람들의 반응을 살펴보면서 '꾸준히' 콘텐츠를 만들면 됩니다.

이 세상에 아무것도 못하는 사람은 없어요. 분명 각자 장단점이 있을 테니 자신이 잘할 수 있는 일, 좋아하는 일을 먼저 찾고, 꾸준히 기록하면 그 자체로 퍼스널 브랜딩이 됩니다. 중요한 것은 가장 개인적이어야 한다는 점입니다.

브랜딩을 공부할 때 다양한 유튜브 채널과 책을 보았습니다. 정혜윤 작가님의 『인디펜던트 워커』는 직장인/사업가라는 두 가지 방식에서 벗어나 자유롭게 일하는 사람들의 모습에 충격을 받았던 책입니다. 이 책을 읽고 직업에 대한 인식을 바꿀 수 있었죠. 또 드로우앤드류 님의 유튜브 영상 중 '드로우 마이 브랜드'는 창업이나 퍼스널 브랜딩을 꿈꾸는 분들에게 추천합니다. 논디 계정을 처음 시작할 때 인사이트를 얻은 영상 리스트예요.

다만 영상에 나온 일련의 프로세스들을 직접 겪어본바,

소위 인스타그램을 키우는 것도 힘들지만 내 브랜드를 세우고 제품을 만들어 홍보하고 지속적으로 판매하는 것은 또 다른 세계이고 도전이라는 생각이 듭니다. 결국 나 스스로의 강력한 무기가 한두 개쯤 있어야 하고 퍼스널 브랜딩은 부수적인 것임을 기억해주셨으면 좋겠습니다.

이유 있는
취향

인스타그램에서 디엠이나 댓글로 "저랑 취향이 비슷하시네요!", "논디님 취향이 좋아요!"라는 이야기를 종종 전해듣곤 합니다. 과연 취향이란 무엇일까요? 표준국어대사전에서는 "하고 싶은 마음이 생기는 방향, 또는 그런 경향"이라고 설명합니다. 저는 마음이 닿는 것이 내 취향을 대변한다고 생각해요. 마음이 닿는다는 것은 다른 것들보다 좀 더 애정 어린 시선으로 바라볼 수 있는 대상이고, 이는 곧 내가 좋아하는 것이라는 뜻이겠죠.

제 인스타그램 계정에서 사진들을 쭉 모아보면 특유의 분위기, 일관된 톤이 있습니다. 이곳은 나의 취향이 담긴, 내 마음이 닿는 공간이죠. 내가 좋아하는 것들로 채워진 공간이라는 뜻이기도 하고요. 그렇다면 내가 좋아하는 것은 어떻게 알 수 있을까요? 일관된 취향이 생기기까지는 여러 차례의 실험과 도전, 실패가 필요합니다.

취향을 발견하는 데 도움이 되었던 방법이 있습니다. 저는 내가 좋아하는 '것'이 무엇인지 고민할 때 펜을 들고 종이에 기록을 남겨봅니다. 추상적인 개념부터 좋아하는 영화나 내 공간 속 물건들까지 말이죠. '나는 이게 좋아!' 하고 선택해 소비한 것들도 막상 이게 왜 좋아서 구매했는지 생각해보면 한번에 딱 떠올리기 어려운데요, 이를 글로 풀어 짧게나마 '좋아하는 이유'를 적어보면 나 자신에 대해 한 번 더 생각해볼 수 있게 됩니다.

예를 들어, 저는 초록색으로 된 물건에 마음이 가는 편인데, 어느 날 내가 왜 초록색을 좋아하는지 글을 써봤어요. 저는 학교를 본가와 멀리 떨어진 곳으로 가게 되어 자취를 시작했습니다. 매주 주말엔 가족들과 시간을 보내려 고속버스를 탔는데, 버스 창 밖으로 초록빛 산과 들판이 가득한 풍경이 펼쳐졌어요. 평생을 서울, 서울에서도 복잡하다고 소문난 고속터미널 근처에 살았던 저는 주말에 버스로 오가며 보는 고즈넉한 풍경이 정말 좋았습니다. 왕복으로 3시간 정도 걸렸는데 이 시간 동안 푸른 들판을 보면서 마음을 차분히 하고 이번 주에는 뭘 했는지 다음 주에는 뭘 할 건지 계획도 세워보고 책도 읽고 말 그

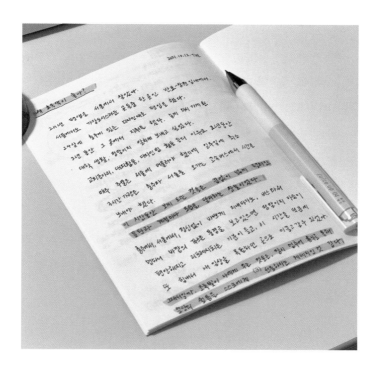

대로 평온한 시간을 보낼 수 있었죠. 초록 멍(?)이라고 봐도 좋겠습니다. 그래서일까요. 초록색은 저에게 평온함을 가져다주는 색이고 긍정적인 일상을 꾸려나갈 수 있는 힘을 주는 색이 되었습니다.

내가 좋아하는 것을 왜 좋아하는지 그 이유를 글로 써보고 났더니 좀 더 나 자신에 대해 잘 알게 된 것 같아요. 마음속이 충만해지는 느낌도 들고요. 이렇게 무언가를 내가 왜 좋아하는지, 그 이유에 대해 생각하고 기록해보면 좀 더 내 인생을 주체적으로 살고 있다는 느낌을 받을 수 있습니다. 더불어 자신감과 자존감도 높아지고요.

좋아하는 이유를 곰곰이 생각해보고 기록으로 남겨보세요. 좋아하는 영화, 책, 물건, 계절, 자연, 과일, 친구, 시간, 순간, 무엇이든 틈날 때마다 적어보세요. 나의 취향, 나 자신에 대해 깨닫는 계기가 될 거예요.

논디가 좋아하는 것들

* Pilot juice up 0.4 *

[파이롯트] 쥬스업 0.4 펜

매일 쓰는 나의 '인생펜'. 특히 0.4mm는 어떤 종이에도 부드럽고 적당히
단단하게 펜촉이 흘러가는 느낌이 좋아요. 펜촉 가까이에 있는 금속
부위 덕분인지 펜의 무게중심도 촉 방향으로 미세하게 쏠려 있어
글쓰기에도 편합니다. 그립 부분이 있어 오래 써도 미끄러지지 않고
손가락에 쉽게 안착되죠. 노크식이어서 잉크가 마르거나 가방에 펜만
넣고 다닐 때 물을 염려가 없어 안심됩니다. '휘뚜루마뚜루 펜'이라고
부르기도 해요.

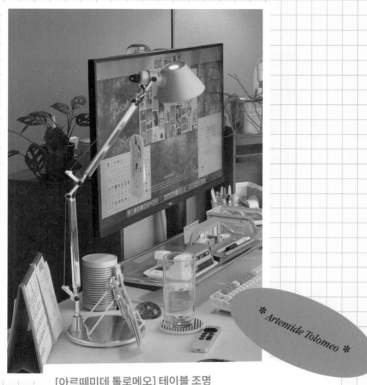

Artemide Tolomeo *

[아르떼미데 톨로메오] 테이블 조명

'디자인 10계명', 미니멀한 디자인으로 유명한 디자이너
디터 람스의 사무실에서도 보고, 창작을 하는 수많은 디자이너,
건축가들의 책상에서 눈에 많이 띈 조명이에요. 그만큼 오랜
역사를 가진 제품이어서 그 디자인 역사를 내 공간에 담아두고
싶었습니다. 조형적으로 아름다우면서도 각 파트들이 자유롭게
각을 조절할 수 있어 기능성에서도 만족스럽게 사용하고
있어요. 재료 본연의 느낌을 유지하고 싶어서 알루미늄 컬러를
선택했습니다. 지지대 부분은 뭔가를 놓으라는 듯이 라인이
들어가 있어 그 의도에 맞추어 펜통이나 작은 스토리지를 두는데
놓기만 해도 공간이 예뻐지는 느낌이라 좋아요. 아마 할머니가 될
때까지 쭉 사용하게 되지 않을까 싶어요.

[콜맨] 레이 체어 그린

1인용 소파를 두고 싶어 이리저리 찾아봤는데
마음에 드는 디자인이 없었고 소파이다 보니 부피가
커서 방에 두기에는 무리가 있었어요. 이 제품은
캠핑용으로 나온 접이식 의자여서 안 쓸 때는 가볍게
접어 보관할 수 있다는 점이 좋아요. 또 릴렉스 존에
걸맞는 착석감을 가지고 있죠. 앉는 각도가 3단계로
조절되어 맨 뒤로 젖히면 낮잠 자기 딱 좋은 각도가
나옵니다. 이 의자에 앉아 영화를 보기도 하고 책을
읽으면서 평온한 시간을 보냅니다. 차에 실으면
공원에 가서 쓰기에도 좋고요. 초록색과 알루미늄
프레임이 조화롭고 사용성도 좋아서 고장 날 때까지
꾸준히 쓰고 싶은 제품입니다.

* Coleman Lay Chair Green *

[스타일지음] 피스오브타임

유리병에 식물과 물 같은 용액이 들어 있는 오브제입니다. 마치 물 속에서 자유롭게 유영하는 푸릇한 식물들의 모습이 볼 때마다 마음이 편안해져서, 항상 책상 위에 두는 아이템이에요. 식물 키우기는 자신 없지만 식물의 푸릇함을 느끼고 싶은 사람에게 추천합니다.

* pieces of time *

[포인트오브뷰] 애플저널

무선의 두 가지 사이즈를 모두 사용하고 있습니다. 튼튼한 제본과 부드러운 커버의 느낌, 적당한 두께의 내지 덕분에 현재 6권째 사용하는 노트죠. 작은 사이즈는 그날의 할 일과 각종 메모들을 적고, 큰 사이즈에는 브랜드 운영과 관련된 아이디어나 스케치를 기록하는 노트로 사용하고 있어요.

* Apple Journal *

BRAUN BC02XW

[브라운] 테이블 시계

디터 람스의 디자인으로 유명한 브라운 사의 시계. 작고 미니멀한
디자인이 책상 어디에 두어도 잘 어울립니다. 시간의 흐름이 보이는 것
같아 디지털 시계보다 아날로그 시계를 좋아하는데, 고장 날 때까지
사용하고 싶고 고장 나더라도 소품으로 두고 싶은 시계입니다.

작은 공간에서
큰일을 이루다

창의적인 사고를 업으로 삼은 디자이너이다 보니까 책상에 애착이 크고, 책상에서 작업하는 시간도 많습니다. 그리고 저는 책상과 방 공간을 꾸미고 이를 다른 사람들과 나누는 즐거움이 큰 사람이기도 해요.

사람들에게 '논디'가 알려지는 데 결정적인 영향을 끼친 것은 저의 책상, 저의 공간이 아마도 가장 큰 비중을 차지할 거예요. 브랜드를 만들고 이끄는 지금에 이르는 데 있어 책상 정돈은 제 인생의 가장 중요한 전환점입니다.

기록 생활도 대부분 책상에서 이루어집니다. 김익환 교수님의 『거인의 노트』에서 "기록한다는 것은 어지럽혀진 방을 멀끔히 정리해 언제고 자유롭게 활동할 수 있는 나만의 공간을 만드는 일"이라는 글을 보았을 때 기록을 좋아하고 공간을 정돈하는 것을 즐기는 저의 성향이 주체적으로 살고 싶고, 자유로워지고 싶어 하는 마음과도 같다는 사실을 깨달았습니다. 이처럼 기록과 공간 정리는 다르지 않습니다.

성인이 된 후 한동안은 아주 어릴 때부터 사용하던 침대와 옷장, 책상을 그대로 사용했어요. 그러던 어느 날 책상 공간만이라도 내 취향에 맞게 꾸미고 싶어 데스커의 1400×800 사이즈 책상을 구입해 뚝딱뚝딱 조립했습니다. 그리고 나니 일상이 달라지는 경험을 했어요.

회사 일을 마치고 집에 와서 그냥 누워 있던 적이 많았는데, 책상을 정돈하고 나서부터는 침대보다 책상에 앉아 있는 시간이 좀 더 많아졌습니다. 직장 생활에 치인다는 핑계로 중단되었던 일기를 다시 꾸준히 쓰기 시작했고 사이드 프로젝트를 시도해보기도 하는 등 생산적이면서도 나를 되돌아볼 수 있는 시간이 늘었죠.

지금까지 제가 이룬 모든 성취는 책상 앞에서 이루어졌다고 해도 과언이 아닙니다. 물론 밖에서 제품을 만들고 인풋을 얻는 과정도 필요하지만 그 모든 것을 취합하고 결과물을 만들어내는 것은 책상에서 이루어졌으니까요. 가로 1400mm, 세로 800mm, 어떻게 보면 작은 공간이

지만 이곳에서 큰일을 이뤄낼 수 있다고 믿고 있습니다.

만들고 싶은 제품을 기획하며 글을 쓰고, 노트북을 펼쳐 리서치도 하고, 드로잉북에 형태를 스케치해보고, 발주할 파일을 정리하는 등 결과물을 향해 달려가는 치열한 모습일 때도 있지만 전날의 기억을 회고하고 앞으로의 방향성을 가늠해보며 차분히 일기를 적어내려갈 때도 있습니다.

한번은 친한 동생의 자취방 책상을 정리해준 적이 있습니다. 생일선물로 무인양품의 수납함을 가져간 김에 어지러운 책상을 정리해주었는데, 책상 주인도 좋아하고 저도 만족했어요. 그 후 그 동생은 잘 정돈된 상태로 책상을 사용하면서 심지어 자취방의 다른 공간도 싹 정리하기 시작했어요. 책상이 정돈되니 다른 공간도 바꿔보고 싶었다는 동생의 말에 정말 뿌듯했습니다.

책상 공간 하나 정돈해본다고 무엇이 바뀔까 싶지만 1퍼센트라도 내 일상과 생각에 긍정적인 영향을 미칠 수 있다면 안 할 이유가 없겠죠. 책상에 앉아 책을 읽고 작업을 하면서, 과거를 돌아보고 현재를 살고 미래를 계획해보는 기록을 하면 머리가 맑아지고 운이 트이는 느낌이 듭니다. 반면 책상을 멀리하고 침대에 너무 오래 붙어 있으면 잠깐은 휴식이 되겠지만 시간이 지날수록 오히려 더 무기력해지고 멍해지는 느낌을 많이 받아 되도록이면 경계하려 합니다.

책상에 앉아 있어야 하는 시간이 많다면 조금이라도 내 취향을 담아 가꿔놓으면 기분이 좋아집니다. 저는 직장 생활을 할 때 책상에 내가 좋아하는 엽서나 스티커를 붙여놓기도 하고 펜트레이나 작은 수납용품은 제가 원하는 것으로 두기도 했습니다. 삭막하고 바쁜 업무 책상에서 작게나마 내가 좋아하는 것들을 보면 기분이 한결 나아지거든요. 업무에 크게 방해가 되지 않는 선에서 가꿔보세요.

논디 추천 데스크테리어 아이템

CAMBRO Camtray

[캠브로] 트레이

다양한 색깔과 사이즈가 있는 제품으로
자잘한 물건이나 펜을 올려두기 좋아요.

DOCUMENTOR
Dual Desk Calendar

[도큐멘토] 오렌지 듀얼 데스크 캘린더

레트로한 디자인으로 캘린더와 메모 파트가
나뉘어져 있어 예쁘면서도 실용적입니다.

* IKEA *
DRÖNJÖNS

[이케아] 드뢰니엔스

저렴한 가격의 오거나이저. 다양하게 칸이
나뉘어져 있어 손쉽게 사용하기 좋아요.

* PENCO *
Storage Caddy

[펜코] 스토리지 캐디

책상 위에 간편히 사용하기에는 S 사이즈를
추천합니다. 컬러가 다양한데, 책상 위에
작은 포인트가 되면서도 펜이나 메모지를
수납하기 좋습니다.

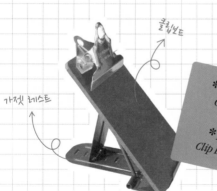

클립보드

가젯 레스트

* HIGHTIDE *
Gadget Rest
+
* PENCO *
Clip Board Mini

[하이타이드] 가젯 레스트 + [펜코] 클립보드 미니

메모지를 클립보드에 끼운 뒤 스탠드에 세워 중요한 메모를 눈에 띄기 쉽게 만들 수
있어요. 실용적이면서도 클립보드의 디자인 덕분에 감성이 넘칩니다.

단 하나뿐인 스튜디오,
논디룸

언제부터 방 꾸미기, 책상 꾸미기를 좋아했는지 물어보는 분들이 많습니다. 곰곰이 생각해보니 24살에 대학을 옮겨 자취를 하면서부터였어요. 그전까지만 해도 내 방은 엄마가 전쟁 났냐고 말씀하실 만큼 엉망인 상태였어요. 그저 '쉬는 곳', 그 이상도 이하도 아니었죠.

하지만 자취를 하면서 나만의 공간이 생겨 신기했고, 그것은 곧 하나부터 열까지 전부 스스로 관리해야만 한다는 이야기이기도 하다는 걸 깨달았습니다. 이왕이면 예쁘게 살아보자 하는 마음에 정리용품도 사고, 배치도 이리저리 해보고, 청소도 열심히 하고, 급기야는 아침에 눈 뜨면 이불 정리하는 습관까지 갖게 되었어요. 소품 하나라도 내 마음에 드는 것이 있으면 작업을 하다가, 텔레비

전을 보다가, 책을 읽다가 보아도 언제나 그 자리에 있는 모습에 좋은 감정이 들었고, 그때가 방 꾸미기에 재미를 느꼈던 순간입니다.

이후에 5평 정도 되는 방 한 칸을 썼는데, 작은 공간이지만 나의 휴식과 일의 결과물을 책임지는 너무나 소중한 곳이기에 '논디룸'이라는 나름의 애칭(?)도 붙여주었죠. 크게 '프로젝트 존'과 '릴렉스 존'으로 나누고, 프로젝트 존은 책상을 중심으로 주로 아웃풋을 내는 작업을 하는 공간으로, 릴렉스 존은 오로지 휴식만을 위한 공간으로 기획했습니다.

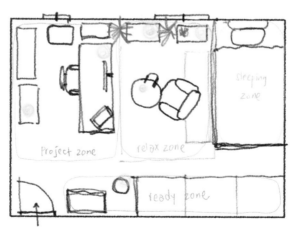

논디룸 구상도

방을 꾸밀 때 가장 중요하게 생각해야 할 것은 내 일상의 루틴과 동선입니다. 내가 걸어다닐 수 있는 공간이 나와야 하고 원하는 곳에 원하는 물건들이 놓여지는 것을 최우선으로 두어야 하죠. 또 원하는 일상의 행위들을 상상해보는 것도 좋습니다.

논디룸을 꾸밀 때 프로젝트 존에는 책상을 두고, 나는 오른손잡이니까 책상 위의 조명은 왼편에 두어야 글을 쓸 때 그림자가 지지 않아 좋고, 책장은 왼편이나 뒤편에 두는 것이 효율적이겠다고 생각했어요. 책상 왼편에는 책과 영감을 받을 수 있는 물건들을 두고, 오른편에는 자주 사용하는 문구류나 노트를 두었습니다. 작은 책상 위에서도 수백 가지의 선택지들이 생겨날 수 있죠. 개인적으로는 펜꽂이보다는 펜트레이에 펜을 두는 것이 좋고, 이왕이면 조명 아래나 내가 앉아 있을 때 바로 앞에 두어 손이 닿기 편하게 세팅해두었습니다.

릴렉스 존은 '여유로운 저녁시간'을 상상하며 꾸며보았습니다. 저녁을 먹고 방에 들어오거나, 할 일을 다 마치고 편안한 리클라이너 캠핑의자에 앉아 영화나 콘텐츠를 보고, 책을 읽으며 메모를 하는 시간을 상상했죠. 테이블의 선반엔 빠른 시일 내에 읽고 싶은 책들을 놓고, 또 일기를 쓰면서 하루를 마무리하고 싶은 비교적 감성적인 상상을 하며 배치를 했습니다.

　방을 꾸밀 때 지양할 점은 방을 갈아엎겠다고 새로운
물건들을 한꺼번에 구입하는 것과 다른 사람들의 방을 너
무 많이 보는 거예요. 우선은 기존에 가지고 있는 큼직한
가구들부터 배치하고, 소품이나 기타 물건들을 최대한
활용하여 배치해 생활해본 다음 필요성이 느껴지는 물건
을 사도 늦지 않습니다. 너무 서둘러서 한 번에 구입해 꾸
미려고 하면 다른 물건들과 조화롭지 않을 수도 있고 사
이즈가 맞지 않는 경우도 종종 생기거든요. 하나하나 내
취향을 담은 물건들을 들이면서 만족감과 행복감을 느껴
보는 것도 좋아요.
　또, SNS나 오늘의집, 핀터레스트 같은 곳에는 멋진 방
들이 굉장히 많은데요, 참고하면 좋지만 너무 많이 보면
내가 처음에 원했던 모습이나 내 취향이 한데 섞여 혼란
스러울 수 있습니다. 간단히 가구 배치 정도만 참고하고
나머지는 내가 원하는 대로 꾸며보는 것이 더 만족도도
높고 불필요한 지출을 막아주죠. 내 스스로의 취향과 선
호도를 알 수 있고, 공간에 더 애정이 가는 것은 덤이에요.
이렇게 내 취향을 담은 좋아하는 물건들로 꾸며진 공간은
나만의 휴식처 혹은 쉼터가 됩니다.

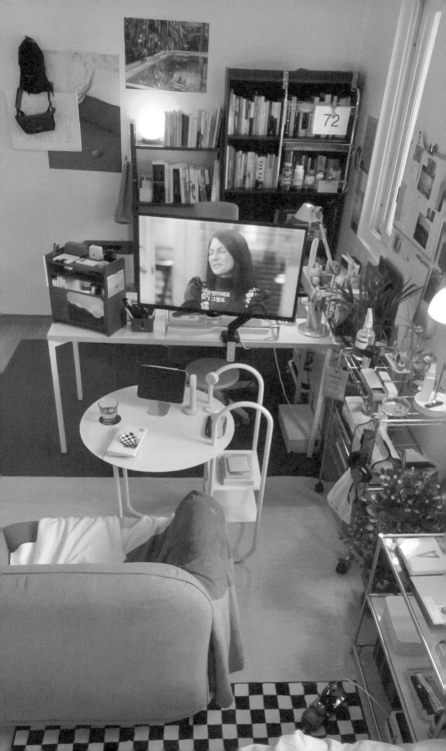

논디룸의 정리 법칙

'논디룸'을 SNS에 소개한 이후, 사람들에게 가장 많이 받은 질문 중 하나가 "방 정리, 어떻게 해야 하나요?"입니다. 공간을 정리할 때에는 사실 손이 가는 대로, 몸이 가는 대로 이리저리 놓는 편인데요, 그럼에도 나도 모르게 지키는 법칙이 있어요.

첫째, 색감이 있는 공간을 만들고 싶다고 해서 너무 많은 면적을 가진 가구나 벽을 색으로 물들이는 것은 지양합니다. 여백이 있어야 점을 볼 수 있듯이, 원하는 컬러가 그린이라면 무채색으로 큰 가구를 들여놓고, 작은 아이템들을 그린 컬러로 놓아도 충분히 '그 공간의 포인트 컬러는 그린이구나'라는 것을 느낄 수 있습니다. 세 가지 색이나 재질을 활용한다면, 5:3:2 정도의 비율로 그 정도를 조절하는 것도 조화롭게 느껴집니다.

둘째, 물건을 배치할 때 높이와 면적을 고려해봅니다. 높이가 비교적 높은 물건들을 뒤쪽으로 배치하고, 트레이같이 낮고 넓적한 물건들은 앞쪽에 두어 내 손의 동선이 걸리지 않도록 정리하는 편입니다. 또 산의 능선처럼 양옆으로 높이가 있는 물건을 배치했다면 그 사이에는 자잘한 소품들을 놓는 것도 정돈되어 보이는 한 방법이에요.

셋째, 해당 공간에서 '내'가 무엇을 할 것인지 상상의 나래를 맘껏 펼쳐보는 것입니다. '책상이 메인인 프로젝트 존에서는 제품 기획과 디자인, 업무를 할 거야', '소파와 사이드 테이블이 있는 릴렉스 존에서는 책을 읽으면서 메모도 하고 넷플릭스도 볼 거야, 영화 감상 노트도 써야지!'같이 상상해보면, 그 공간에 무엇을 어떻게 놓을지 조금은 쉽게 그려볼 수 있어요. 책을 읽고 싶은 공간이라면 책을 놓을 수 있는 선반을 두거나, 테이블에 책을 거치할 수 있는 물건을 둔다거나, 메모를 하고 싶다면 펜을 둘 자리도 있어야겠죠. 그렇게 나의 루틴과 동선을 깊이 생각해보면 자연스럽게 공간을 어떻게 구성하고 꾸미고 싶은지 알 수 있어요.

내가 머무르는 공간도 하나의 생명체 같다는 생각을 종종 합니다. 하루라도 치우지 않거나 방치하면 공간의 기운도 빠져나가는 것 같아요. 끊임없이 치우고 가꾸고 정리하는 과정이 어쩌면 스스로를 돌보는 일이기도 하다는 걸 생각하면, 조금 더 부지런을 떨고 싶어집니다.

포스터로 벽을 꾸밀 때도 강-중-약을 고려해서, 큰 포스터를 먼저 붙이고, 중간 크기, 작은 크기의 순서로 배치하면 보다 수월하게 꾸밀 수 있어요.

메모보드 사용법

어딘가에 메모를 해도 어디에 했는지 까먹는 일이 종종 생겨서 중요한 자료나 메모는 아예 눈에 보이게 두어야 겠다는 생각으로 메모보드를 쓰고 있습니다. 자석이 붙었으면 해서 중고시장에서 2만 원 정도에 타공판을 구매해 쓰고 있는데 아주 잘 사용하고 있어요.

진행중인 프로젝트의 주요 내용들을 붙여놓고 종종 보면서 어떻게 발전시킬지 고민해보기도 하고, 앞으로 할 프로젝트나 아이템을 적어두고 어떻게 시작하고 진행할지 상상해보기에도 좋습니다. 좋아하는 엽서를 붙여두기도 하고, 자석으로 이루어진 액세서리들이 많으니 자석 고리 같은 아이템을 활용해 키링이나 모아둔 브랜드 택들을 걸어두기도 합니다.

복작복작한 게 꽤나 디자이너 오피스 같아 보일 뿐 아니라, 좋아하는 것들이 가득하니 볼 때마다 머리가 말랑해지는 기분이 듭니다. 적당한 사이즈의 포스터를 벽에 붙일 필요 없이 자석으로 붙여둘 수도 있고, 친구들과 찍은 사진이나 책의 한 구절을 붙여 자신의 취향을 담은 하나의 무드보드로도 활용할 수 있습니다.

스몰 브랜드를 이끄는
기록의 힘

4부

"세상 속에 있어라."

_마쓰다 무네아키, 『취향을 설계하는 곳, 츠타야』

기록이 도와준
스몰 브랜드 런칭

산업디자인은 제품의 외형을 사용자의 편의와 취향에 맞추어 디자인하는 학문입니다. 수공예품과는 다르게 대량생산을 염두에 두고 설계하고 생산하는 과정을 배우죠. 유명한 캐치프레이즈, '바늘부터 우주선까지' 우리 일상에 사용하는 모든 물건의 형상을 디자인한다는 점이 저에게는 아주 매력적으로 느껴졌어요.

제품 디자인 분야는 졸업 후 회사에 소속이 되거나(인하우스, 에이전시 등), 창업을 하면 외부 기업의 디자인 컨설팅을 하는 외주 스튜디오가 많습니다. 저 역시 졸업 후 에이전시, 인하우스 디자이너로 근무했고, 퇴사한 이후에는 디자인 컨설팅 형태의 사업체 창업을 고민한 적이 있었지만, 직접적으로 소비자와 소통하고 교류하는 브랜드를 운영하는 것이 좀 더 흥미로웠어요.

또 산업디자인 분야에서 SNS를 활용하고 본인이 가진 가치를 나누며 스몰 브랜드를 키워나가는 사례를 찾아보기 힘들다는 점도 제가 이 일을 시작하게 된 이유 중 하나입니다. 인스타그램을 보다 보니 유독 마케팅 직업군의 사람들이 인스타그램에서 본인을 드러내고 다양한 일들을 하는 것을 지켜봤는데요, 산업디자인 분야에서는 그런 계정들이 잘 보이지 않아 '그럼 내가 해보자'라는 마음으로 시작하게 되었습니다.

브랜드 운영과 함께 '책상 꾸미기', 넓게는 '공간 꾸미기'와 같은 작업으로 얻게 되는 수익과 프로젝트들이 있고, '기록'이라는 취미와 관심사를 공유하는 콘텐츠를 나누기도 하는 등 제품 디자이너 개인의 취향으로도 다양한 역할을 잘 해낼 수 있다는 것을 보여주고 싶었어요.

모든 회사와 브랜드는 창업자의 취향과 생각이 담겨 있습니다. 제가 생각하는 매력적인 브랜드는 창업자의 가치관을 공유하며 일상을 상상하게 만드는 브랜드입니다. 저 역시 그런 브랜드를 만들고 싶습니다. 내 취향이 가득 담긴, 내 공간의 기록으로 내가 가장 잘할 수 있고 잘하고 싶은 디자이너로서 정체성을 데이오프 프로젝트를 통

해 표현하고자 했어요.

　제가 만든 데이오프 프로젝트는 1인 브랜드로, 제품 기획과 디자인, 제작, 출고, C/S까지 혼자서 도맡아 하고 있습니다. 산업디자인이라는 전공을 사랑한 나머지 이를 기반으로 가구, 리빙 소품을 디자인, 설계해 제작하고, 기록 생활에 진심인 마음을 담아 문구 제품도 제작하고 있어요.

　브랜드를 구상하면서 가장 먼저 떠올랐던 단어는 '평온함'이었습니다. 일상의 루틴이 조금이나마 긍정적인 방향으로 흘러가는 데 도움이 되었으면 좋겠고, 어지러운 세상 속에 잠시나마 평온함을 느낄 수 있는 순간이 되었으면 좋겠다는 바람을 담았습니다.

　그렇게 SNS를 통해 비슷한 취향의 사람들과 소통하고 기록하며 나만의 브랜드를 준비했습니다. 브랜딩디자인 강의를 구매해 듣기도 하고 마케팅이나 인문학 등 다양한 책들도 찾아 읽었죠. 브랜드를 만드는 과정은 아직도 현재 진행형입니다. 내 자신을 더 깊이 알아야 하고 원하는 바가 무엇인지 심도 있게 고민해봐야 하니까요. 또 내가 성장함에 따라 내 브랜드도 같이 성장한다는 느낌을 받는데, 브랜드는 잘 가꿔야 할 대상이자 나와 함께 자라나는 친구 같기도 합니다.

브랜드 네이밍

브랜드 네이밍도 나로부터 출발했습니다. 내가 좋아하는 것들을 단어로 나열하며 브레인스토밍했고, '편안함, 창조적 영감, 청량함, 성취'라는 네 가지 키워드로 정리되었죠. 이를 반영한 이름이 '데이오프 프로젝트'입니다.

데이오프 프로젝트라는 브랜드명은 2015년부터 기록하던 인스타그램 디자인포트폴리오 계정에서 과정과 결과물에 사용하던 해시태그이기도 합니다. 해당 계정에는 학교 내 과제가 아닌 것, 졸업 전시에 활용된 것이 아니라 개인적으로 진행했던 프로젝트들, 회사를 다니면서는 퇴근 후 혹은 주말에 작업했던 것들을 업로드 했는데, 대부분 휴식시간, 자투리 시간을 활용해 진행했기 때문에 #데이오프(Dayoff) 프로젝트라는 단어로 표현하곤 했습니다.

이 표현을 가져온 것은, 제 자신이 좀 더 여유로운 태도로 작업하고 싶은 마음이 담겨 있기도 합니다. 창작을 하는 사람으로서 작업하는 동안의 마음가짐이 결과물에 담겨 사용하는 사람에게 고스란히 전달된다고 믿거든요. 일상의 순간에 좀 더 즐겁고 평온하게 스며들 수 있는 브랜드가 되었으면 좋겠다는 바람을 담았습니다.

hayoung_kim___

좋아요 **128개**
hayoung_kim___ day off proj. # 005 😶 😶
#productdesign #workinprogress
댓글 5개 모두 보기
2020년 8월 29일 · 번역 보기

인스타그램 디자인포트폴리오 계정에 개인 작업물을 올릴 때 표기했던 "day off proj."가 브랜드 네임이 되었어요.

페르소나, 타깃고객 설정

브랜드 네이밍 이후에는 방향성과 페르소나 설정에 집중했습니다. 브랜드 페르소나는 브랜드를 인격화하여 고유의 성격을 부여하는 것입니다. 이를 위해 먼저 무엇에 진심인 브랜드가 되어야 할까 고민했어요. 어떤 제품을 만들지부터 프로젝트의 성격, 브랜드에서 느껴지는 정서와 분위기, 집중하고 싶은 콘텐츠, 고객과의 소통방식 등을 준비단계에서 최대한 세밀하게 살폈습니다.

또, 내 공간을 가꾸고 싶은 사람, 몰입과 휴식의 가치를 아는 사람이 하루 일과를 모두 끝내고 혼자만의 쉬는 시간, 혹은 몰입의 시간을 어떻게 보낼지 상상해보았습니다. 저는 항상 '잘 일하고, 잘 쉬자!'가 모토인데, 저랑 비슷한 생각을 가진 분들을 위해 몰입의 시간에 사용하는 아이템, 휴식을 취할 때 쓰는 아이템을 잘 디자인해 만들고 싶었습니다.

Brand Strategy Keywords.

serenity
:평온,고요함,청명

inspiration
; (예술적 창조를 가능하게 하는)
영감을 주는 물건 [사람]

ambience
; 분위기
(ex. Relaxed ambience,
bright ambience..)

authenticity
; 진실성

passage
; 통로 > 흐름

20대 후반
제품디자이너
내가 스스로 일을 꾸려나감
휴식과 평온함을 좋아함
공간가꾸기에 관심이 많음
기록하는 것을 좋아함
브랜드 디렉터

친근함과 전문성

브랜드 기획

타 브랜드 리서치

타 브랜드 리서치는 꼼꼼하게 진행했습니다. 평소 좋아하던 브랜드의 홈페이지와 인스타그램에 들어가서 사이트 레이아웃이나 폰트와 워딩을 살펴보고, 이미지의 전체적인 색감이나 표현방법에 주목했습니다. 레퍼런스 자료를 관찰할 때는 형태, 구조, 색감, 재질, 크기, 용도 등등 되도록 세분화해서 보는 것이 좋습니다.

무언가가 좋아 보인다면 왜 좋은지, 어떤 점이 내 눈길을 끌었는지 생각해보고 기록했어요. 레퍼런스 자료를 관찰하면서 이게 왜 좋아 보이는지까지 생각해보고 나만의 색깔을 어떻게 입힐지, 어떻게 더 나은 방향 혹은 새로운 방향으로 보여줄 수 있을지 고민해보면 나만의 창조적 영감으로 이어질 가능성이 높습니다. 또한 타 브랜드의 홍보방식이나 일정 등을 유심히 봐두면 제품의 생산-홍보 프로세스를 이해하는 데 큰 도움이 됩니다.

내가 사장이라면 내 회사에 어떤 장점을 녹일 수 있을지, 보완해야 할 점은 무엇일지 관심을 가지고 지켜보면 분명 배울 것들이 가득할 테고, 내 브랜드를 만들겠다고 생각하면 세상 모든 것들이 레퍼런스 자료가 됩니다. 어

전선처리는 어떻게 했지? 저건2
저 선이 전류가 흐르는 처리결까,
아니면 배터리 충전식인가!
배터 충전식이면 괜찮았나. 팬던트를
딱 가운데 동그랗 전등을 써야할것
같은데 여기요 광각이 없어진다
LED 팬던 든거라 괜찮았것같에

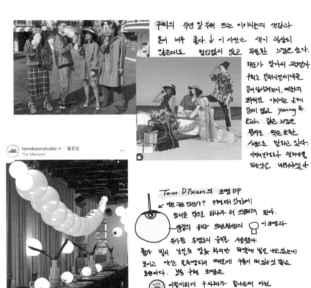

구의의 작면 밝 부어 뜨는 아치온의 색감과
돈이 너무 좋다.↓ 이 사진는 색이 이상히
않은데도 정신없지 앉고 화번한 느낌은 든다.

패든가 밝아서 고운한사
구워고 인해서인데대로
붉어 실려려눈, 예한의
화려번 아치는 우리
건에 없고 young &
rich 같는 느낌은
우리고 막은 모든한
사람으로 막자고 있다.
이걸반그라 좀처우글
마는것은 내본사건다

Tom Dixon의 조명 DP
← 어떤 공간임가? 우리대 갔는데
조다은 맛으로 하나가 더 쓰였으면 됐다.
광경의 우리 브랜드센의   이게별라
유사한 투명의 습박은 사용했다.
뭔가 빛에 노입로 말홀 하지만 좌옇에 빛은 내고있으니
보이고 약간 본조영이러 때문에 구이 여광으것 같드
몰한다. 본를 우리 조명은
   이것에서 구차제가 빛나수에 아닌
   조명본로 좌번에 자리센터 순직임이
   뚝제 느겼진다.

레퍼런스 관찰 기록

떤 물건을 주문했을 때 받는 작은 문구 하나일지라도 말이죠.

이렇게 브랜드 네이밍, 방향성, 페르소나 설정을 마치고 나면, 이를 바탕으로 브랜드의 전체적인 톤, 로고 디자인, 브랜드 스토리, 슬로건을 작성합니다. 이는 제품디자인, 상세페이지뿐만 아니라 인스타그램의 워딩, 제품 연출, 패키징 등에 다양하게 쓰이게 되죠.

SNS로
트렌드 관찰하기

트렌드를 파악하려면 아무래도 SNS가 가장 정확하고 빠르죠. 특히 인스타그램에서 태그 검색을 하거나 인플루언서의 계정을 관찰하는 것은 누구나 하고 있는 활동일 거예요. 저는 내 브랜드와 결이 비슷하다고 느껴지는 브랜드의 인스타그램 계정을 서치하면서, 태그 게시물을 관찰해봅니다. 해당 브랜드를 소비하는 사람들의 취향 등을 파악하기 용이하거든요. 그들이 함께 사용하는 타 브랜드 제품을 확인할 수도 있고요.

트위터 검색도 활용합니다. 인스타그램처럼 넓은 범위의 키워드부터 좁은 범위까지 다양하게 검색해보는 편인데, 사용자들의 리뷰부터 가감 없는 생각들까지 엿볼 수 있어 소비자들의 니즈를 알아보기 좋습니다.

SNS 이외의 자료로는 네이버의 '네이버 데이터랩'을 통해 통계자료를 확인해보는 것을 추천합니다. 이곳에서는 최근 쇼핑 검색 트랜드를 알 수 있고, 각 검색어당 클릭 추이가 기간별로 어떻게 되는지, 관심 있어 하는 연령대와 성별은 어떻게 되는지 파악하기가 쉬워요. 계절을 타는 아이템이라면 기간별 클릭 추이를 살펴보며 상품 출시 시기를 정하는 데 도움이 되고, 연령대도 확인하면서 프로모션을 어떻게 기획해야 할지 참고하기 좋습니다.

또, 네이버에서 사용자 제품 리뷰를 확인할 때는 주로 별점이 낮은 점수를 위주로 확인하고 소비자들이 어떤 점을 불편해하는지 확인합니다.

그밖에도 유튜브에서 검색을 하면서 조회수가 높은 영상을 보기도 하고, 영상에 함께 있는 댓글들을 통해 사용자들의 니즈를 파악하기도 합니다. 유튜브 역시 조회수와 댓글로 사람들이 관심 있어 하는 주제가 무엇인지 파악하기 좋습니다.

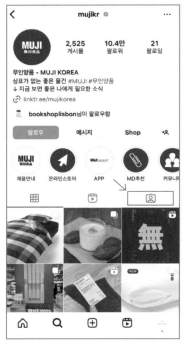

인스타그램에서는 참고하고 싶은 타 브랜드 계정의 태그 게시물을 확인해봅니다. 해당 브랜드 고객의 라이프스타일을 관찰할 수 있어요. 네이버 데이터랩은 통계자료를 분석하기에 용이합니다.

유튜브는 관련 분야 조회수 기준으로 영상을 찾아보면 좋아요. 영상의 댓글은
사람들의 니즈를 확인하는 데 도움이 되죠. 트위터에서도 검색기능을 활용해
사람들의 솔직한 이야기를 관찰합니다.

스몰 브랜드의
SNS 활용법

나와 내 브랜드를 알리는 데 가장 중요한 SNS. 꼭 퍼스널 브랜딩이 아니더라도 요즘 SNS를 안 하는 사람이 없을 만큼 인터넷 공간에서의 소통은 필수로 자리잡았죠. 브랜드를 만들고 나서는 SNS 운영 원칙을 세우고 정기적으로 업로드하고 있습니다. 가장 중요한 것은 내가 정말 진심인, 관심 있는 주제여야 한다는 거예요. 사실 당연한 얘기이기도 합니다. 그래야 즐거운 마음으로 지속적으로 활동할 수 있어요.

또, 촬영하는 습관을 들여야 합니다. 인스타그램뿐만 아니라, 네이버 블로그나 트위터 등도 텍스트보다 이미지가 끌어들이는 힘이 더 강력하죠. SNS를 잘 운영해보고 싶다면, 매일 촬영하고 매일 업로드하는 것을 목표로

해야 합니다.

　무언가를 촬영하는 것이 익숙해지려면 항상 탐험가의 시선을 가지고 있어야 해요. 저 역시 호기심을 잃지 않으려고 꾸준히 노력하는 편입니다. 항상 익숙한 물건일지라도, 그날의 내 감정과 날씨 혹은 시간 등 환경에 따라 다르게 보여지기 때문이죠.

　게시글은 나의 취향을 표현할 뿐만 아니라 사람들에게 도움이 될 수 있는 내용을 위주로 올리는 것이 좋습니다. 제 경우엔 리빙 관련 일상 기록과 제품 작업 과정을 사람들이 이해할 수 있도록 공개하는 게시물, 또 추천하는 제품 리스트라든가 바탕화면이나 굿노트 속지 디자인 등 내가 나눌 수 있는 것 등을 올리고 있습니다.

인스타그램

인스타그램이 주요 활동 무대이다 보니 관리에도 공을 들이고 있습니다. 용도에 따라 6가지 계정을 운영하고 있는데요, 친구, 지인들과 일상을 나누는 비공개 계정, 대학 시절 만든 디자인 포트폴리오 계정, 나만의 취향과 공간 스타일링을 나누는 계정, 영감을 기록하는 목적의 계정, 제가 운영하는 브랜드 '데이오프 프로젝트' 공식 계정, 그리고 최근 캠핑에 빠지게 되어서 캠핑 일상을 담고자 만든 계정 등이 있습니다.

디자인 포트폴리오 계정은 학부생 때 제품 디자인 스케치와 개인 프로젝트를 기록하는 용도로 사용했어요. 지금은 브랜드 제품이 나올 때마다 간략하게 프로세스를 올려두는 계정으로 활용하고 있습니다. 디자인 학부생들에게 꼭 추천하는 게 디자인 포트폴리오 계정을 만드는 것인데요, 본인의 작업물을 세상에 내보이는 연습을 하는 게 중요합니다. 그래야 점차 발전해나갈 수 있어요. 쑥스럽고 부끄러워서 잘 안 하게 되는데, 어차피 디자이너라는 직업은 본인의 작업물을 사람들에게 보여주어야 하기 때문에 일찍 그런 연습을 하는 게 좋아요. 또 점차 나아

브랜드 공식 계정도 있지만, 취향 기록 계정을 통해 비슷한 관심사를 가진 사람들과 소통합니다.

인스타그램 저장탭은 영감을 주는 이미지를 모아두기에 유용합니다. 영감 기록 계정을 따로 만들어도 좋습니다.

지고 발전하는 모습이 눈으로 보이기 때문에 본인도, 또 지켜보는 사람도 뿌듯합니다.

영감을 기록하는 목적의 계정은 길거리를 다니다가 우연히 보게 된 건물의 구조라든가 특이한 표지판이라든가, 일상의 아주 작고 사소하지만 눈길을 끄는 무언가를 모아두는 곳입니다. 가끔 아무런 아이디어가 생각나지 않을 때 들여다보면 영감이 마구 솟아납니다. 언제든 머리를 말랑하게 만들어주죠. 곡식으로 가득 채워놓은 나만의 든든한 창고 같은 계정입니다. 이승희 작가님도 자신의 저서 『기록의 쓸모』에서 영감 기록 계정을 추천하고 있어요. 일상의 사소한 것들을 눈여겨보고 기록해두고, 그 기록들이 어떤 힘을 갖는지 알 수 있게 도와준 책이기도 합니다.

6가지 계정 중에 가장 많이 사용하고 규모가 큰 계정이 바로 @non_direction_이라는 취향 기록 계정입니다. 저는 인스타그램에 관심 분야를 지속적으로 기록하면서 비슷한 관심사를 가진 사람들과 소통하고 있어요. 책상 사진이면 책상을 어떻게 사용하고 있는지, 어떤 무드가 요즘 사람들의 반응을 이끄는지, 어떤 아이템들을 어떻게 사용하고 그 물건으로 어떤 이야기들을 하는지 실제로 물건을 소비하는 사람들을 분석하고 자세히 들여다보려고 합니다. 거기서 얻는 인사이트가 많아요.

또, 브랜드를 운영하면서 작업 과정을 공유하고 제품을 홍보하며 인스타그램의 다양한 기능을 활용해 소통의 창구로 활용하고 있습니다. 새 제품 출시 전에 티저 느낌으로 공개해서 미리 제품에 기대감을 불러일으키기도 하고, 제품의 오픈 시간을 카운트다운으로 알릴 수도 있죠. 인스타그램은 무엇보다 사람들과 소통하며 제품을 디벨롭 하기에 최적의 플랫폼입니다. 모바일 아일랜드와 협업으로 진행했던 '베이글 램프'도 인스타그램 스토리로 이름 지어주기 이벤트를 열어 선정된 이름입니다. 이처럼 작은 브랜드가 인스타그램을 활용한다면 소비자와 직접적으로 소통하며 피드백을 받을 수 있기 때문에 제품 제작을 더 효율적으로 진행할 수 있죠.

제품 디자이너임을 밝히고 사람들과 서로 소통하는 것도 중요하게 생각하고 있습니다. 인스타그램 스토리를 활용해 '어떤 제품을 디자인했으면 좋겠는지' 등 평소에 궁금했던 것들을 사람들에게 물어보기도 하며 앞으로의 방향성을 잡는 데에도 큰 도움을 얻을 수 있어요.

인스타그램에는 주로 리빙 관련 일상 기록을 올리거나 제품 작업과정을 대중이 이해할 수 있도록 설명해요. 그 외에 유용한 정보를 공유합니다.

엑스 (구 트위터)

이름이 엑스로 바뀐 트위터는 인스타그램과는 다르게 텍스트 기반의 성향이 더 강한 플랫폼입니다. 레이아웃도 텍스트가 우선적으로 보이고 사진이 이후에 보이게 되는데, 한번 노출되기 시작하면 인스타그램보다 더 빨리, 더 널리 퍼지게 되는 시스템을 가지고 있죠. 바로 리트윗이라는 기능 덕분입니다. 소위 '알티(rt=리트윗)를 탄다'고도 하죠. 알티를 타는 유형은 굉장히 다양한데, 여타 SNS와 마찬가지로 유용한 글이 빠르게 퍼질 확률이 큽니다. 보통 나에게도 유용하고 남들에게도 알리고 싶은 게시물을 리트윗하기 때문에 이로운 가치를 전달하는 콘텐츠에 집중해야 한다는 본래 원칙은 인스타그램과 같습니다.

저는 트위터에 일상의 생각이나 아주 사소한 부분을 기록하면서도 판매를 진행해야 할 때는 알티이벤트(리트윗한 사람들 중 추첨하여 리워드를 제공하는 이벤트)를 열기도 하고, 많은 사람들에게 유용하겠다 싶은 정보들을 공유하면서 사용하고 있습니다. 인스타그램보다 좀 더 부담 없이 쓸 수 있어서인지 가벼운 혼잣말을 하기도 해요. 블로그 글쓰기의 굉장히 짧은 버전이라고 생각하고 쓰고

트위터는 워딩을 기반으로 하고, RT 파급력이 있는 SNS입니다. 무엇보다 '친근감'이 강점이어서 개인적인 이야기도 하면서 자유롭게 소통하고 있어요.

있습니다.

개인이 아주 짧은 폼으로 기록을 하는 게 타인과의 소통에서 어떤 가치를 줄지 생각해보면, 바로 '친근감' 아닐까요? 저 역시도 내가 좋아하는 작가의 트위터 계정을 팔로우하면 각자 가진 생각과 일상과 푸념(?)들을 보게 되는데 굉장히 개인적인 글이기 때문에 블로그와 유사하게 보는 사람으로 하여금 친근감을 느끼게 되는 것 같아요.

무엇보다 트위터는 트렌드가 굉장히 빠르죠. 인터넷에서 유행을 타는 것들은 거의 대부분 트위터에서부터 퍼져나갑니다. 본인이 관심 있는 분야의 사람들을 많이 팔로우하고 보게 되면 그 어떤 SNS보다 트렌드를 빠르게 파악하기에 좋아요. 비교적 부담 없이 본인의 생각을 공유할 수 있는 플랫폼 특성상 소비자들의 가감 없는 생각을 엿보기에도 좋고, 연령대가 10대 중후반-20대-30대 초반인 유저들이 많기 때문에 나와 다른 연령대의 사람들이 어떤 것들에 반응하고 관심을 가지는지 살펴보며 제품 기획에 반영하기도 합니다.

네이버 블로그

네이버에서 블로그 챌린지라는 이벤트를 지속적으로 진행하고 있는데요, 그래서인지 최근 몇 년간 비교적 젊은 층의 블로그 사용이 활발해졌다는 기사가 나왔습니다. 저는 네이버 블로그를 긴 설명이나 링크가 필요한 정보성 글을 기록하는 수단으로 사용하고 있어요. 좀 더 줄줄이 써내려가는 일상기록용으로도 활용하고요.

블로그는 다량의 정보를 공유할 수 있는 창구가 필요할 때 좋습니다. 블로그에 사람들이 자주 물어보는 정보들(예를 들면 사용하는 필기구, 책상 위 아이템들, 방 안의 아이템들, 최근 구매한 물건의 정보 등)을 정리해서 공유하고, 인스타그램 스토리와 트위터에 해당 게시글 링크를 함께 올려서 많은 사람들이 쉽게 접근할 수 있게 해두는 편입니다.

간혹 스마트폰, 노트북 배경화면을 만들어 공유하거나 아이패드용 굿노트 다이어리 양식을 제작하여 공유할 때가 있는데, 이때는 다른 SNS에서는 공유가 힘들기 때문에 블로그에 파일을 올려두고 많은 사람들이 편하게 다운로드 받을 수 있도록 합니다.

[nondi info] What's on my Desk? (ver.2022.05)

 논디

작년 10월에 처음 What's on my desk?를 작성했었는데.
벌써!!!! 7개월이나 지났다는 사실이 소름이 돋아요.
그 사이에 정말정말 많은 일이 있었어요.
제 인스타그램도 많은 분들께서 봐주고 계시고.
Day-Off-Project.라는 제 리빙브랜드도 만들고...
스티커마켓도 진행해보고.
다른 브랜드와 협업도 하고....
책도 출간을 목표로 열심히 쓰고있고....
왓츠온마이데스크를 쓰려고 들어왔는데. 지난 6개월이 갑자기 스쳐가면서 감사한 맘이 드네요.흑흑 항상 감사합니
다!!

블로그는 첨부파일 기능을 활용해 스마트폰, 노트북 배경화면이나 굿노트 다
이어리 양식을 만들어 공유하기에 좋습니다.

이미지를 넣는 방식이 다른 SNS에 비해 다소 불편하고, 체감상 인스타그램 게시물 10개를 한꺼번에 정리해 작성하는 듯한 느낌이 들어 한 게시글을 작성하는 데 다른 SNS보다 많은 노력과 시간이 필요하기도 해요. 물론 사람마다 다를 수 있습니다. 누구는 트위터처럼 가볍게 한두 줄 작성하는 사람도 있고 저처럼 줄글로 한번에 업로드 하는 경우도 있으니까요.

그럼에도 블로그 활용의 장점을 놓칠 수 없습니다. 서로이웃이라는 기능을 활용해 내 글의 알림이 뜨게 할 수 있기 때문에 업로드 해두고 나면 꾸준히 유입이 생기고, 운이 좋으면 기업체로부터 연락을 받아 다양한 기회로 연결되기도 해요. 또 인스타그램보다 더 자세히 유입 통계 자료를 볼 수 있기 때문에 사람들이 내 블로그에 어떤 검색어와 어떤 경로로 유입되는지 분석할 수 있죠. 나의 어떤 점이 강점이 되는지 참고하여 다음 콘텐츠를 만드는 데 도움을 얻을 수 있습니다.

개인적으로 왠지 블로그는 잔잔한 밤 시간에 적는 일이 많아서 솔직한 이야기를 적어 내려갈 때가 많아요. 다른 분들의 블로그를 살펴보아도 다른 SNS와는 다르게 좀 더 진솔한 면을 보게 되곤 하는데, 이런 블로그 글의 특성이 다른 사람을 더 이해하고 가깝게 느껴지게 만드는 매력이 있습니다.

오늘의 집

인테리어, 가구, 소품 쪽에 관심이 많은 분들이 활용하면 좋은 플랫폼입니다. 사람들이 머무르는 공간을 굉장히 많이 관찰할 수 있을 뿐 아니라 내 공간을 소개할 수도 있죠. 인테리어에 관심이 많은 사람들이 모이는 곳이기 때문에 종종 내 공간 사진과 함께 제품 링크를 걸어둡니다. 공간 사진을 보고 오늘의 집 에디터가 온라인 집들이나 블로그에 올렸던 노하우 등 글쓰기를 제안하는 경우가 있습니다. 그런 기사에는 인스타그램이나 블로그 링크를 함께 걸어둘 수 있기 때문에 같은 관심사를 가진 분들을 더 많이 접할 수 있는 기회가 됩니다.

"SNS 팔로워,
어떻게 늘릴 수 있나요?"

단기간에 팔로워가 늘어난 비결을 묻는 분들이 많아요. 사실, 저 역시 잘 모릅니다. 다만, 인스타그램을 10년 정도 하다 보니 몇 가지 알게 된 것은 있는데요, 인스타그램도 알고리즘의 추천을 통해 새로운 계정을 만나는 경우가 많습니다. '알고리즘의 추천을 받았다'는 말은 곧 탐색탭에 노출이 되었다는 뜻인데, 이 탐색탭에 노출되는 콘텐츠를 잘 살펴보면 두 가지 특징을 찾아볼 수 있습니다. 첫 번째는 보는 사람으로 하여금 유용하다고 느껴지는 콘텐츠, 두 번째는 개인이 잘 드러나는 콘텐츠입니다.

1. 정보성 콘텐츠

탐색탭을 보면 '~하는 방법', '~한 사람들의 3가지'와 같이 나에게 왠지 도움이 될 것 같은 게시글이 많습니다. 소위 정보성 글이라고도 하죠. 저도 이런 정보성 글을 쓰려고 노력하고, 소소하더라도 정말 알려주고 싶은 정보를 나누고 있습니다. 예를 들면, '자주 사용하는 펜 몇 가지', '매일 쓰는 노트 몇 가지' 이런 게시글은 기록을 좋아하는 사람들이 볼 확률이 높고, 데스크테리어에도 관심이 많을 확률도 높아 제 계정으로 불러들이기 수월합니다. 저는 제품 디자이너이기도 하니, 데스크테리어 소품 같은 제품을 디자인해서 보여줄 수도 있고요.

예전에 서울 곳곳의 소품숍을 소개하는 글을 쓴 적이 있는데, 반응이 무척 좋았습니다. 몰랐던 곳들을 알게 해줘서 감사하다는 댓글도 많이 받았어요. 주변에 디자이너들도 많고 리빙 소품에 관심이 많은 환경이기 때문에 다양한 편집숍을 줄줄이 꿰고 있었는데, 누구나 아는 정보라고 생각하고 있었어요. 그래도 어떤 이에겐 도움이 되지 않을까 싶어서 올렸던 콘텐츠였는데 뜻밖에 폭발적인 반응을 얻어 놀랐습니다. 본인에게, 혹은 내가 종사하고 있는 분야에선 당연하게 느껴지는 것이라 해도 사람들이 볼 수 있는 공간에 공유하면 의외로 많은 이에게 도움이 될 수 있습니다.

2. 개성이 드러나는 콘텐츠

가장 중요하다고 생각하는 요소입니다. 알고리즘의 추천을 받는 두 번째는 개성이 잘 드러나는 콘텐츠입니다. 우리는 각자 다른 생각과 취향을 가지고 있습니다. 같은 그림을 보고도 감상평은 다 다를 거예요. 내용이 비슷할지언정 개인이 쓰는 말투, 길이, 단어의 선택은 모두 다르니까요. 내가 어떤 생각을 하고 무엇을 말하고 싶은지 잘 전달되는 콘텐츠가 재미있습니다. 인스타그램을 하면 할수록 내 경험, 내 생각이 중요하다는 것을 더욱 실감합니다. 물론 나 자신을 잘 드러낼 수 있는 것도 연습이 필요해요. 그렇기 때문에 더더욱 '나'를 디깅(digging)해보는 것은 꼭 필요한 과정입니다. 기본적으로 사진을 잘 찍으면 좋지만 자신만의 개성이나 취향이 담긴 이미지라면 사람들의 반응을 끌어올 수 있습니다. '진심은 통한다'라는 말이 있잖아요. SNS에 나를 드러내는 것도 같다고 생각합니다.

결국은
나를 아는 것

나만의 브랜드를 운영하고 프리랜서 작가로 살기 시작하면서 그 이전에 경험한 것들보다도 더 많은 것을 배울 수 있었습니다. 요즘 유튜브나 매체를 보면 'N잡러' 혹은 '나만의 일'이라는 키워드에 관심이 높아 보입니다. 그만큼 많은 분들이 방법을 찾고, 또 나만의 일을 찾도록 권유하는 세상이에요.

직접 실행해보고 있는 입장에서 말씀드리면, '세상에 절대 쉽게 얻는 것은 없다'라는 것입니다. 브랜드 디렉터든 소위 인플루언서든 끊임없이 세상을 알기 위한 공부를 해야 하고 지속적으로 내 일을 성장시키고자 노력해야 한다는 것이죠.

어떨 때는 회사를 다니며 가장 힘들었을 시기보다 심

적으로 더 힘들 때도 종종 있습니다. 하지만 그 결은 달라요. 적어도 제가 직접 선택하고 실행하는 일이니 힘들더라도 위안이 되고 이겨낼 수 있는 힘이 생기죠. 그렇기 때문에 더더욱 내가 좋아하는 게 무엇인지, 설령 나중에 바뀔지언정 내 일을 시작하고자 하는 분들에게 내가 무엇에 심장이 뛰고 지속적으로 할 수 있는 분야가 무엇인지 곰곰이 종이에 써가며 고민해볼 것을 추천합니다. 무엇이 '진심'인지를요!

자신이 남들보다 조금이라도 더 잘할 수 있는 분야의 경험치와 레벨을 올려두면 좀 더 나만의 일을 꾸려나가는 데 효율적입니다. 저는 제품 디자인을 기반으로 그래픽 디자인도 하고 콘텐츠도 제작하지만, 만약 '제품 디자인', '디자인'이라는 분야의 경험이 없었다면 중심을 잡기 힘들었을 거예요. 디자인을 전공하고 업으로 삼기 위해 했던 공부와 경험들이 브랜드 경영 전반에 도움이 많이 되었습니다. 산업디자인을 전공하고 3D 프로그램을 주로 다루지만, 일러스트레이터, 포토샵 등 2D 프로그램도 어느 정도 다룰 수 있기 때문에 홍보 이미지나 상세페이지를 만들 수 있었고, 당연하게도 제품 디자인을 열심히 한 탓에 브랜드의 제품도 스스로 디자인하고 설계해 제작할 수 있었죠.

책을 자주 읽고 일기와 블로그를 쓰다 보니 인스타그램이나 트위터에 올라가는 짧은 글 쓰기에는 부담이 없습니다. 저장해둔 사진만 20만 장이 넘을 만큼 감각적인 사진을 찍고 싶어서 정말 많이 찍었어요. 덕분에 어디 가서 사진 못 찍는다는 소리는 안 듣고 있습니다. 인스타그램 계정을 비롯해 판매제품 이미지도 직접 촬영하고 있죠. 내 공간 안에 놓일 물건을 놓는 일도 편집숍 등을 많이 돌아다녀보고 여러 번 사서 배치해봤기 때문에 손쉽게 원하는 무드로 배치할 수 있게 되었습니다.

하지만 이 모든 분야가 전부 전문가 수준은 아니에요. 프로 분야라고 말할 수 있는 카테고리는 디자인뿐이고, 나머지는 아마추어 수준일 겁니다. 그럼에도 지속적인 시도가 가능한 건 가장 강한 무기, 디자인과 제조 경험을 갖고 있기 때문이죠. 이 수준에 맞춰 나머지 카테고리도 더 성장하고자 하는 욕구가 생깁니다.

따라서 본인이 어떤 분야에 있건, 한 가지를 정했으면 정말 제대로 파보았으면 좋겠습니다. 가장 잘하는 한 가지를 만들면 분명 그 한 가지가 앞으로의 길도 밝혀줄 거예요. 뭔가를 제대로 한번 잘해내보고 싶다라는 생각을 가지고 성과를 내기 위해 노력하는 과정 자체가 앞으로 무슨 일을 하더라도 도움이 되는 태도를 길러준다고 믿습니다. 그 과정에서 꾸준한 기록 생활은 성취를 이루는 데 단단한 밑거름이 되어줄 것입니다.

쓰는 생활

ⓒ논디 김하영, 2025

초판 1쇄 펴낸 날　2025년 2월 14일

지은이　김하영
펴낸이　배경란 오세은
펴낸곳　라이프앤페이지
주 소　서울시 종로구 새문안로3길 36, 1004호
전 화　02-303-2097
팩 스　02-303-2098
이메일　sun@lifenpage.com
인스타그램　@lifenpage
홈페이지　www.lifenpage.com
출판등록　제2019-000322호(2019년 12월 11일)
디자인　파도와짱돌, 김하영

ISBN　979-11-91462-33-3 03190